CURSO BÁSICO
DE FUERZA MOTRIZ

JUAN CARLOS CALLONI

CURSO BÁSICO
DE FUERZA MOTRIZ

LIBRERÍA Y EDITORIAL ALSINA

Paraná 137 – (C1017 AAC) Buenos Aires
Telefax: (54) (011) 4371-9309 / (54) (011) 4373-2942
info@lealsina.com   www.lealsina.com
ARGENTINA

2007

Queda hecho el depósito que establece la ley 11.723

Impreso en Argentina

ISBN 978-950-553-157-8

Calloni, Juan Carlos
    Curso básico de fuerza motriz. - 1a ed. - Buenos Aires : Librería y Editorial Alsina, 2007.
    148 p. ; 23x16 cm.

    ISBN 978-950-553-157-8

    1. Electricidad. 2. Fuerza Motriz. I. Título
    CDD 621.4

Con todo cariño
a mi hija María Marcela

"Empieza por hacer lo necesario
luego, lo que es posible,
y te encontrarás haciendo lo imposible."

San Francisco de Asís

ÍNDICE

Capítulo IX.

INSTALACIÓN PARA FUERZA MOTRIZ

Capítulo X.

SEGURIDAD ELÉCTRICA

PRÓLOGO

Como continuación del libro *Curso Básico de Instalaciones Eléctricas*, he pensado esta herramienta de trabajo, especialmente destinada para el Instalador Electricista de Matrícula Profesional Categoría "C" (10 kW) y al que he denominado *Curso Básico de Fuerza Motriz*.

Al elaborarlo, se ha tenido en consideración el avance incesante de la electrónica en las aplicaciones de instalaciones para fuerza motriz. Por ello se desarrollan temas como:

- Controles lógicos programables (PLC).
- Arrancadores electrónicos.
- Variadores de velocidad o convertidores de frecuencia.
- Conceptos básicos de electrónica aplicados a la fuerza motriz.
- Motores eléctricos.
- Ejemplos prácticos de instalaciones para fuerza motriz.
- Guardamotores.
- Contactores.
- Seguridad eléctrica.

En estos como en otros temas de la vida laboral específica, el instalador electricista debe tener siempre presente respetar las normas de seguridad para evitar accidentes personales e incendios, derivados del uso indebido de la electricidad.

Mi agradecimiento a las personas que me ayudaron en este propósito y entre ellos muy especialmente a los siguientes profesionales:

Ing. Gabriel Tarifa, de Tekmatic S.A.
Ing. Fernando Vázquez, de Elinsur S.R.L
Ing. Roson, de Supercontrols S.A.
Sra. Leonor Nayar, del Centro de Documentación del COPIME.

Juan Carlos Calloni

Capítulo I

INICIACIÓN EN LOS PLC

Conceptos básicos

Podemos considerar que un PLC es una pequeña PC. Es un automatismo fácilmente programable para tareas de control de diferentes variables en un proceso industrial (por ejemplo, variables como temperaturas, desplazamientos, cantidad de piezas construidas o conteo, etc.).

Como toda computadora, el PLC posee una CPU miniaturizada que se denomina microprocesador (μCPU), memoria de datos, elementos periféricos, etc.

El microprocesador o micro CPU está construido con componentes electrónicos o circuitos integrados miniaturizados.

La CPU, también denominada en computación "Unidad Central de Proceso", es la encargada de ejecutar el programa almacenado en la memoria por el usuario o programador.

La CPU toma una por una las instrucciones programadas por el usuario y las va ejecutando secuencialmente. Cuando llega al final de la secuencia de instrucciones programadas, la CPU del PLC vuelve al principio y sigue ejecutándolas de manera cíclica.

Los periféricos constituyen la interfaz entre el PLC y el sistema controlado.

Los periféricos son como mínimo entradas y salidas lógicas, o sea capaces de tomar sólo dos valores: "0" y "1" ("todo o nada").

En un PLC más sofisticado se pueden incluir entradas y salidas analógicas, o sea señales que por su carácter senoidal o modulante pueden tomar cualquier valor entre valores máximo y mínimo de la sinusoide de tensión o intensidad.

El tipo más común de entrada lógica o binaria ("1"-"0") es la optoacoplada, donde la corriente de entrada actúa sobre un led, que a su vez ilumina un fototransistor, que es el que en definitiva informa a la CPU del PLC sobre el estado de la entrada en cuestión (ver Capítulo V, Figs. V-1 y V-2).

Al no existir conexión eléctrica entre la entrada en sí y el microprocesador del PLC (ya que la información es transmitida por luz del led),
se logra alto aislamiento entre entrada y masa, del orden de 1500 V. El
tipo de salida más común es el relé (ver Fig. I-13), que suma al aislamiento que provee, la robustez y capacidad de manejo de moderadas corrientes tanto continuas como alternas (del orden de 2 A).

La desventaja de la salida a relé es el tiempo de respuesta, que puede resultar alto para determinadas aplicaciones, y una limitada cantidad de operaciones por el desgaste que sufren los contactos.

La salida a transistor (ver Fig. I-13) es más rápida, pero sólo para
manejo en corriente continua y de menor robustez.

Otro tipo de salida, también en estado sólido, es el triac (ver Fig. I-13).
El triac es un interruptor construido en estado sólido (con semiconductores), para el manejo de tensiones alternas.

Al igual que la salida a transistores, el triac es rápido y menos robusto
que el relé, pero a diferencia de éste puede manejar corriente alternada.

Todas las salidas del PLC deben protegerse contra las sobretensiones que aparecen sobre ellas principalmente en el momento de apagado
de las cargas a las que están conectadas.

Existen dos formas constructivas básicas para los PLC: el tipo fijo y
el tipo modular.

El denominado tipo fijo (Fig. I-1) consiste en una caja negra o gabinete en donde se alojan la µ CPU, la fuente de alimentación para el pro-
pio PLC y para alimentar algunos sensores, y una limitada cantidad de
módulos de entrada y salida.

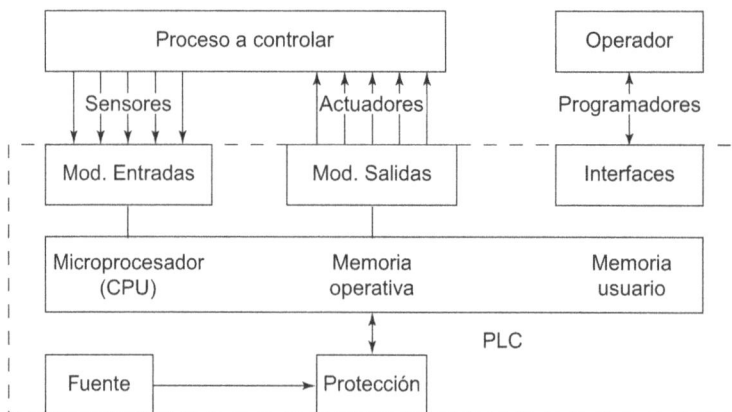

Fig. I-1. Conformación del PLC.

La posibilidad de expansión de este tipo de PLC es nula. En cambio están los PLC modulares, donde el microprocesador (μ CPU), la fuente de alimentación y los módulos de entrada y salida, son componentes modulares que se eligen en función de las necesidades operativas para controlar el proceso industrial y se montan en rieles DIN para conseguir la capacidad de entradas y salidas necesaria, entre otros aspectos que la aplicación requiera. La capacidad de extensión en estos casos es ilimitada.

Conformación básica de un PLC para aplicar a un sistema de control

Supongamos que el sistema sea un variador de frecuencia o variador de velocidad (ver Cap. V) y consideramos la variable frecuencia (de 6 a 400 Hz) (ver Figs. V-3 y V-4).

El actuador podría ser un motor eléctrico y el sensor correspondiente un valor de frecuencia, y consideramos entradas lógicas digitales.

En esta hipótesis, el PLC lee permanentemente la entrada correspondiente al sensor *Frecuencia*.

Cuando detecta que la frecuencia es mayor o menor a la seleccionada (valor de consigna o *set-point*), conecta o desconecta el motor eléctrico.

Podría además utilizarse otra salida para activar un PTC (Fig. V-4), para cuando la temperatura en el motor eléctrico está fuera de la tolerancia más tiempo que el aconsejado por el fabricante.

En un PLC con entradas y salidas analógicas, se puede complementar un control más elaborado, como por ejemplo control PID u otra necesidad en la automatización del proceso.

Concepto de *programación*

El método de programación denominado *ladder*, se considera el más sencillo para el instalador electricista, porque se puede asimilar con un diagrama eléctrico conformado por contactos, contactores y relés.

El diagrama *ladder* (palabra inglesa que significa "escalera") de la Fig. I-2, es un ejemplo del modo en que se representa el programa de un PLC.

Cada escalón de la escalera se conoce con el nombre de *rung*.

El diagrama se interpreta como un circuito eléctrico donde la línea vertical de la izquierda representa un conductor eléctrico con tensión, y la línea vertical de la derecha representa un conductor de retorno de esta tensión, produciéndose un flujo imaginario de corriente entre ambos conductores (Fig. I-2).

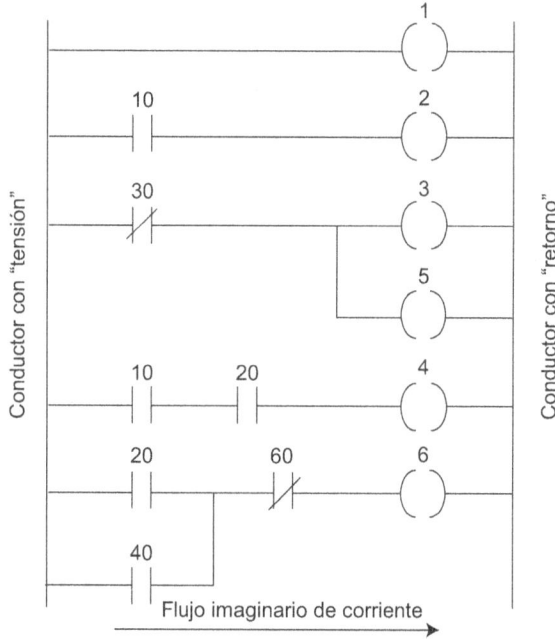

Fig. I-2.

Se utiliza además la simbología de contacto *normalmente abierto* (NA) y contacto *normalmente cerrado* (NC). Los circuitos representan las cargas, que por lo general son bobinas de relés, lámparas indicadoras, etc., correspondientes a lo que se llama *actuadores*.

Con esta simbología, la salida 1, en el primer escalón o renglón o *rung*, está permanentemente conectada o energizada, ya que se alimenta entre conductores de "tensión" y "retorno" en forma independiente de cualquier otro contacto.

En el segundo rung o renglón, la carga 2 se activará o energizará sólo cuando el contacto 10 de NA pase a NC, es decir cuando se cierre el circuito.

En el tercer renglón o rung, las cargas 3 y 5 están conectadas en paralelo y se mantendrán activadas mientras el contacto 30 permanezca NC.

El cuarto escalón o *rung*, muestra la conexión en serie de dos contactos NA (10 y 20), y la carga 4 se activará cuando estos contactos pasen de NA a NC.

En el último escalón o rung, la carga 6 se activará si el contacto 60 se mantiene NC y cuando los contactos 20 y 40 (uno de ellos o los dos) hayan pasado de NA a NC.

Cuando las cargas son bobinas o relés, sus contactos reciben el nombre de la carga.

Veamos un ejemplo en la Figura I-3.

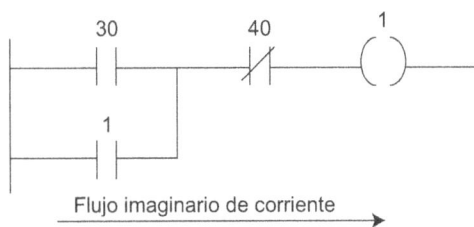

Fig. I-3.

La carga 1 se activará cuando los contactos 30 y 1 pasen de NA a NC, o sea, cuando estén "actuados" y cuando el contacto 40 permanezca como NC, o sea que esté "sin actuar".

Supongamos ahora que la carga 1 no se encuentra activada, por lo que el contacto 1 está NA y el 40 continúa NC. Si en estas condiciones el contacto 30 actúa momentáneamente pasando de NA a NC, la carga 1 queda energizada o actuada y el contacto auxiliar 1 cerrado, o sea NC.

Para orientar al lector, pensemos en un contactor, al que pueda obedecer el contacto auxiliar 1.

Así las cosas, la carga 1 sólo se puede desconectar si hacemos actuar el contacto 40 pasando de NC a NA. Éste sería, por ejemplo, el esquema eléctrico para un sistema de arranque-parada de un motor eléctrico mediante un pulsador digital "conexión-desconexión" (on-off).

El ejemplo podría ser válido también como representación del lenguaje ladder de un PLC para gobernar el arranque y parada de una electro-válvula, un sistema de iluminación, etc.

Debemos recordar que mientras en un circuito o diagrama eléctrico todas las acciones ocurren simultáneamente o "en paralelo", en el programa de un PLC ocurren secuencias operativas, o sea que las acciones son secuenciales o "en serie", y siguiendo el orden en que los escalones del ladder (o rungs) fueron escritos por el programador del software.

A diferencia de un circuito eléctrico donde hay determinados relés y contactos, en el PLC podemos considerar que existen infinitos contactos auxiliares para entradas, salidas, relés auxiliares o internos, etc., conforme todo ello a la arquitectura del hardware del PLC diseñado por su fabricante.

El PLC cumple, además, un determinado ciclo de operaciones que consiste en "leer" las "entradas" que presentan los "sensores", ejecutar todo el programa en el microprocesador (µ CPU), y actualizar las "salidas" para los "actuadotes", de acuerdo con el software o programa de ejecución para el que ha sido seleccionado el PLC.

Por ejemplo (Fig. I-4), en el programa siguiente, en donde el contacto 1 se encuentra abierto (NA), la salida 200 aparece como permanentemente desactivada. Internamente el PLC podría hacer que la salida 200 alterne la condición de "apagado-encendido", pero debido a que se actualiza la salida sólo una vez por pasada de programa, este efecto no es visible y el resultado es que la salida 200 "copia" el estado de la entrada 1.

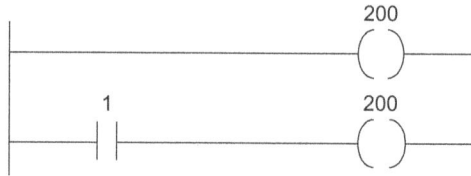

Fig. I-4.

Tiempo de *scan* o de *scaneo*

En un circuito eléctrico, el procesamiento de "apagado-encendido" se realiza "en paralelo".

El procesamiento de entradas y salidas del PLC es secuencial, o sea que se realiza, como ya se explicó, "en serie".

El tiempo de *scan* o tiempo de barrido o *scaneo*, es el empleado por el µCPU del PLC para ejecutar un determinado programa.

Los fabricantes de PLC informan el tiempo para ejecutar una sola instrucción y el tiempo para ejecutar un programa de la máxima extensión posible.

Interpretación literal de los elementos y combinación de palabras en el programa ladder

Todos los lenguajes de programación del PLC son de carácter artificial o "virtual".

Para representar el lenguaje, los fabricantes emplean un vocabulario y un conjunto de reglas o principios destinado a combinar las palabras y obtener resultados que se puedan entender.

El vocabulario está pensado para planificar y organizar lo que el PLC debe hacer.

En la programación, cada rung o escalón del programa ladder tiene en el margen izquierdo una columna (*Dirección*) con un conjunto de condiciones en la columna *Operador* que deben cumplirse para activar las salidas (columna *Operando*).

Los elementos para activar o no las salidas en un determinado rung, son estados lógicos binarios, es decir: estado lógico 1 (*On*) o estado lógico 0 (*Off*); es decir que son circuitos integrados que provienen de entradas al PLC en el microprocesador (μ CPU) que contiene los relés internos (circuitos integrados). Las entradas –como ya se ha venido explicando– pueden estar en dos posiciones lógicas binarias: 1 ó 0, es decir On u *Off* (contacto abierto o cerrado).

Las variables de entrada al PLC se estudian y combinan a través de las llamadas "Funciones Lógicas", que suelen representarse en cuadros conocidos como "Tablas de Verdad".

Existe una equivalencia entre las Tablas de Verdad, la Lógica de Contactos y la forma en que expresamos verbalmente la operación de una función lógica binaria.

Esta equivalencia se muestra en las figuras I-5, I-6 y I-7.

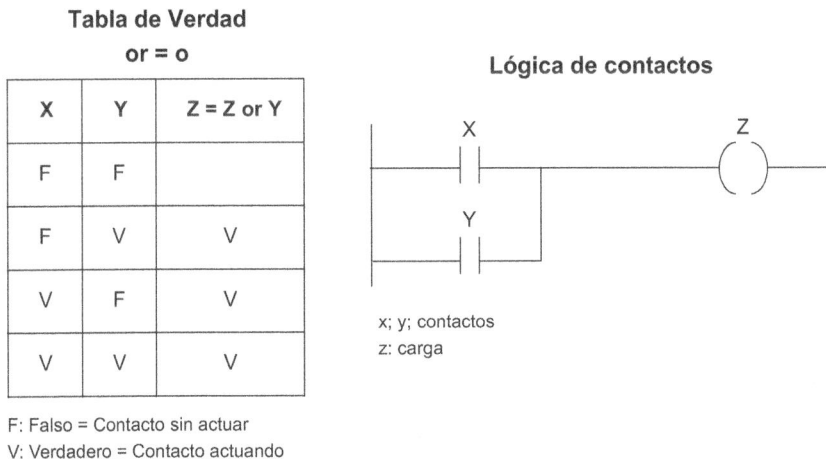

Tabla de Verdad

or = o

Lógica de contactos

X	Y	Z = Z or Y
F	F	
F	V	V
V	F	V
V	V	V

x; y; contactos
z: carga

F: Falso = Contacto sin actuar
V: Verdadero = Contacto actuando

Fig. I-5.

Tabla de Verdad

not = no (negación)

X	Z = not X
F	F
V	V

Lógica de contactos

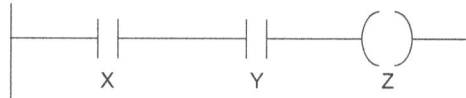

Carga Z alimentada si X no está actuado

Fig. I-6.

Tabla de Verdad

or = o

X	Y	Z = X or Y
F	F	F
F	V	V
F	V	F
V	F	F

Lógica de contactos

Carga Z actuando si tanto X como Y están cerrados.

AND = Y, es para conexión de dos contactos X e Y conectados en serie y donde X puede ser NC ó NA.

Fig. I-7.

El diagrama de contactos es una representación gráfica de cómo queremos que funcione el PLC, introduciendo condiciones de funcionamiento, paradas de emergencia, temporizadores (*timers*), conteos (contadores), comparación de valores, etc.

El lenguaje nemónico (literal o con letras en idioma inglés) es la adaptación, por analogía, del diagrama de contactos o ladder al lenguaje del PLC.

Es casi obligado primeramente desarrollar un diagrama de contactos, para luego pasarlo o convertirlo a lenguaje nemónico e introducirlo en el PLC.

Analogías

Para empezar a entender el lenguaje de programación del PLC, es necesario entender la simbología empleada en el lenguaje de contactos (Fig. I-8).

Como se observa en la Fig. I-8, se acepta que la línea vertical de la izquierda representa un conductor con tensión y la línea vertical de la derecha un conductor de retorno.

Analogías

Lenguaje (Función) en castellano	Nemónico (literal) en inglés	Ladder en contactos	
y	and	⊣⊢⊢	Asocia contactos NA en serie
o	or		Asocia contactos NA en paralelo
negación	not	⊣/⊢	Cambia el estado de NA a NC o viceversa para entradas y salidas
salida	out	⊸( )	Asocia una salida (carga)

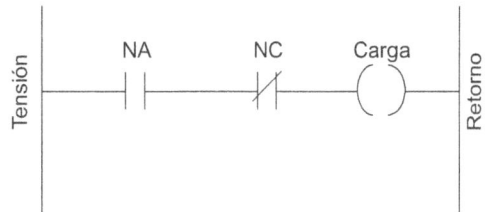

Fig. I-8.

Nomenclatura del lenguaje nemónico (con sentencias u órdenes en inglés)

LD (Load): la sentencia LD, es carga de un contacto NA en la línea vertical, o sea operación de inicio de circuito con contacto NA.

LD NOT (Load Not): la sentencia LD NOT es carga de un contacto NC en la línea vertical, o sea operación de inicio de circuito por contacto NC.

AND: la orden o sentencia AND asocia un contacto NA en serie.

AND NOT: la orden o sentencia AND NOT asocia un contacto NC en serie.

OR: La orden o sentencia OR asocia un contacto NA en paralelo.

OR NOT: la orden o sentencia OR NOT asocia un contacto NC en paralelo.

NOT: la orden o sentencia NOT conmuta el estado de los contactos de las entradas o salidas de NA a NC o viceversa, de NC a NA.

OUT: la orden OUT introduce una salida.

OR LD: la orden o salida OR LD cierra en paralelo los dos últimos bloques de contactos que han comenzado por LD.

AND LD: la orden AND LD cierra en serie los dos últimos bloques de contactos que han comenzado por LD.

Ejemplos de programación (Fig. I-9)

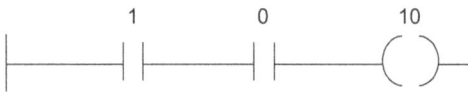

Ejemplos de Programación

Dirección	Operador	Operando
0	LD	1
1	and not	0
2	out	10

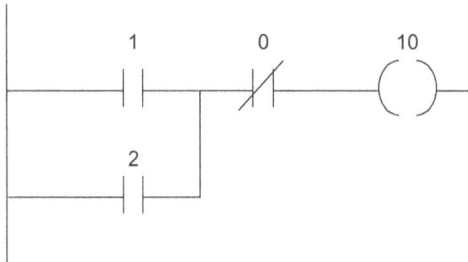

Dirección	Operador	Operando
0	LD	1
1	or	2
2	and not	0
3	out	10

Fig. I-9.

El lenguaje nemónico tiene tres indicadores básicos (y su equivalencia con el lenguaje ladder). Veamos.

Ordenamiento o **Dirección** equivale a **Rung** o **Escalón**.

Operador equivale a **contacto NA, NC.**

Operando equivale a **contacto seleccionado para actuar** (0, 1, 2, 3, 4, etc.).

Dirección: es el ordenamiento en la línea del programa, o sea de arriba abajo y de izquierda a derecha como en la escritura de un libro.

Operador: es las sentencia u orden que se le está asignando al contacto (bit lógico 1 = ON; bit lógico 0 = OFF).

Operando: es el contacto seleccionado para aplicar la orden o sentencia

Timer (temporizador) (Fig. I-10)

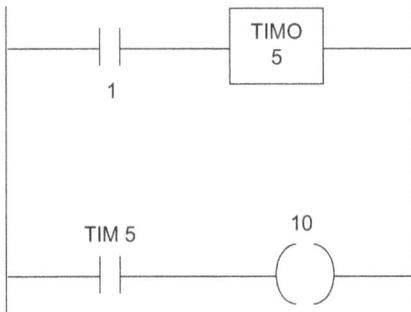

Dirección	Operador	Operando
0	LD	1
1	TIM	0
	5	
2	LD	TIMO
3	out	10

5: temporización (tiempo de descuento, en décimas de segundo)
TIM 0: identificación del timer.

Fig. I-10.

Es otro elemento del programa ladder asociado a temporizaciones existentes en los diagramas eléctricos.

Cuando llega un 1 lógico (ON) a la entrada del temporizador, éste comienza la tarea de descontar. Finalizada la tarea de descontar, los contactos asociados a él pasan a 0 lógico, es decir, cambian de estado (p. ej.: OFF).

El reset se consigue haciendo llegar un 0 lógico (OFF) a la entrada del temporizador (ver Fig. I-9).

Contadores

Estos elementos pueden contar, por ejemplo, piezas, ciclos de trabajo, etc.

Se conocen los contadores ascendentes, descendentes, y ascendentes-descendentes.

En la Figura I-10 consideramos la programación de un contador descendente.

En el contador tratado en la Fig. I-11, la entrada *Reset* tiene preferencia sobre la entrada *Set-point*.

Cada vez que se tiene un 1 lógico (ON) en la entrada del Set-point (habiendo un 0 lógico u OFF en Reset), el contador descuenta una unidad.

Cuando el valor llega a 0, los contactos que dependen del contador cambian de estado.

Cuando le llega un 1 lógico al Reset (ON), el contador adopta el valor de selección.

Los timers y los contadores, al estar situados en la misma área de memoria, deben tener distintos números de identificación dentro de un mismo programa.

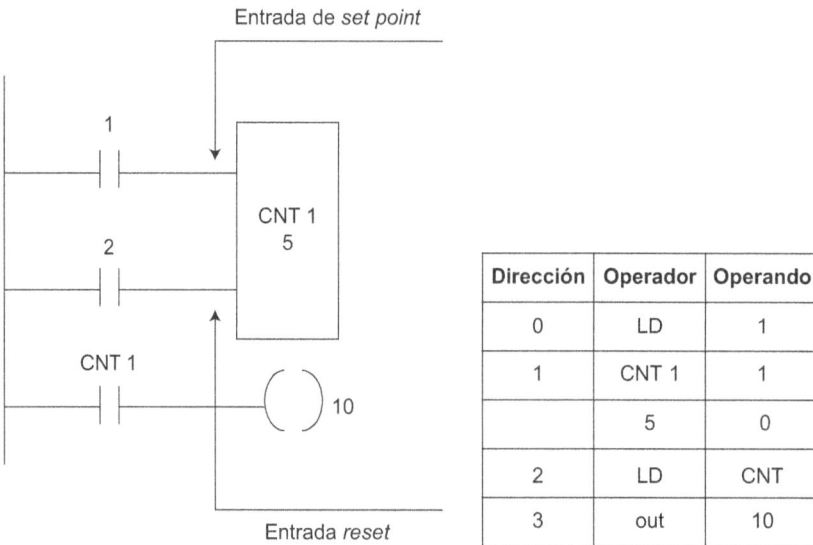

Dirección	Operador	Operando
0	LD	1
1	CNT 1	1
	5	0
2	LD	CNT
3	out	10

CNT 1: contador. 5: valor de conteo

Fig. I-11.

Arranque *estrella-triángulo*

En otros capítulos se verá que los motores de cierta potencia no pueden arrancarse por conexión directa a la línea de alimentación de red.

Un método conocido por lo común es la conexión *estrella-triángulo*, que consiste en aplicar la tensión al motor estando éste conectado en estrella y, luego de una determinada temporización, pasarlo a la conexión

Ejemplos de programación (ver Fig. I-12)

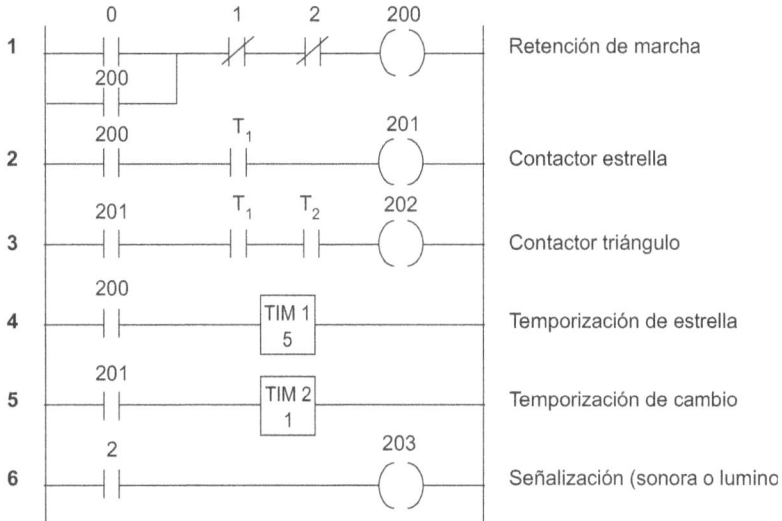

Fig. I-12.

Entradas	Salidas
0: Pulsador de arranque	200: Contactor de línea de alimentación
1: Pulsador de parada	201: Contactor de estrella
2: Relé térmico (T)	202: Contactor de triángulo
	203: Señalización de falla

triángulo. De esta forma se reduce la corriente de arranque en aproximadamente la tercera parte de la conexión directa.

Se dispone de un pulsador de arranque P_1, uno de para P_2, un contactor de línea KM1, otro contactor de estrella KM2 y otro de triángulo KM3. Además se adiciona una protección térmica que indicamos con la letra T, conforme lo señalado en las figuras VII-3 y VII-4.

El escalón 1 (0) retiene el pedido de arranque (P_1), que se libera por acción de la parada (P_2), o por falla (T), y conecta el contactor de línea (200) directamente KM1. El segundo escalón conecta el contactor de estrella (201), hasta que se cumple la temporización programada para el timer T_1 (5 segundos); el timer T_2 en el escalón 3 y temporizado en el escalón

5, comienza a contar el tiempo programado (1 segundo). Cuando este tiempo se ha cumplido, el escalón 3 activa el contactor triángulo (202), pues ambos timers (T_1 y T_2) han cumplido su temporización.

Finalmente, el renglón o escalón 6 activa el estado del sensor de falla (señalización sonora o luminosa por accionamiento del relé térmico).

Conformación del PLC

El proceso a controlar está caracterizado por Xn variables. Existen también Yn entradas al PLC, correspondiendo a cada una Y_1, Y_2... Yn a un sensor de cada variable del proceso y Zn a salidas del PLC que llegan a cada uno de los actuadores.

Por ejemplo, si el sistema o proceso a controlar fuera la calefacción de un salón y considerásemos la variable temperatura, el actuador podría ser un caloventilador y el sensor correspondiente un termostato tipo bimetal. Para el caso de considerar entradas lógicas digitales, la operatoria de nuestro control de temperatura para calefaccionar el salón con PLC, sería la siguiente: el PLC lee permanentemente la entrada correspondiente al sensor de temperatura (valor de consigna o set-point); cuando encuentra una variación distinta a la consigna, conecta o desconecta el funcionamiento del caloventilador.

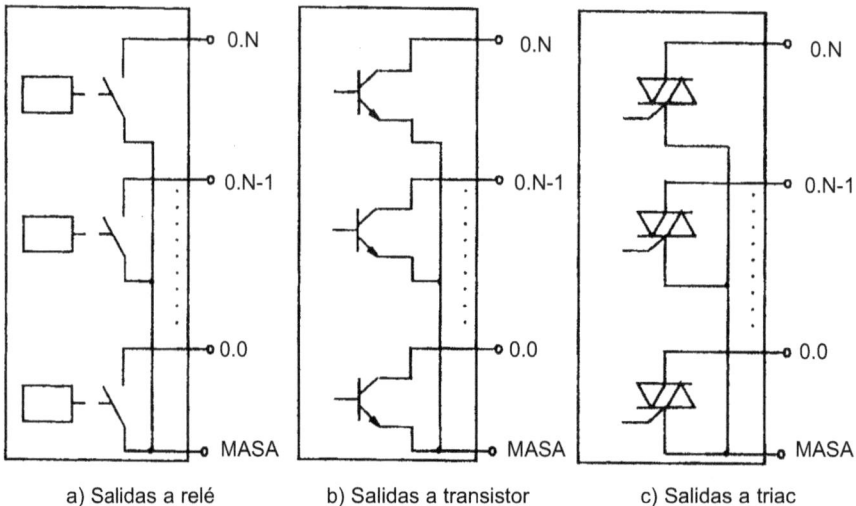

a) Salidas a relé   b) Salidas a transistor   c) Salidas a triac

Fig. I-13. Tipos de salida.

En la Fig. I-14 se pueden visualizar algunos tipos de señales analógicas, como la senoidal, pulsante (resultado de la rectificación de corrientes alternas), ondulante, etc.

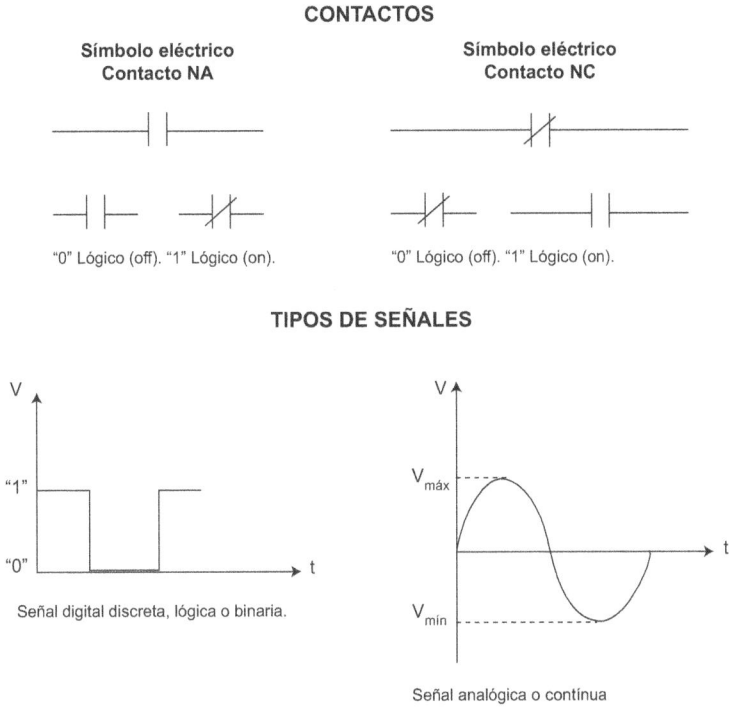

CONTACTOS

Símbolo eléctrico **Contacto NA**	**Símbolo eléctrico** **Contacto NC**

"0" Lógico (off). "1" Lógico (on).   "0" Lógico (off). "1" Lógico (on).

TIPOS DE SEÑALES

Señal digital discreta, lógica o binaria.

Señal analógica o contínua

Nota 1: Las entradas y salidas lógicas o digitales toman sólo dos valores "1" y "0".
Nota 2: Las entradas y salidas analógicas toman cualquier valor entre determinados máximos (por ejemplo, 20 mA) y mínimos (por ejemplo, 4 mA).

OTROS TIPOS DE SEÑALES ANALÓGICAS

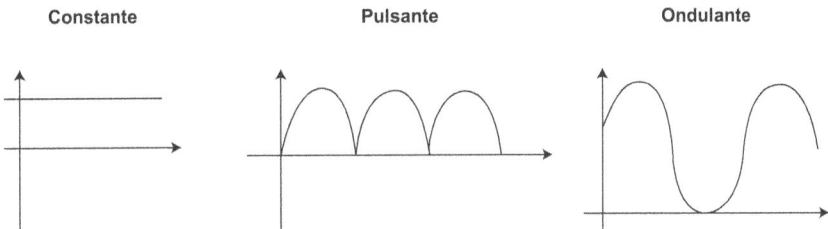

Constante   Pulsante   Ondulante

Fig. I-14.

En la Fig. I-14 se puede apreciar la conformación de la señal digital, discreta o binaria, por estar conformada por dos números binarios que representan "todo o nada", "on y off".

Entradas: son excitaciones eléctricas que tienen el carácter de pulsos o señales.

Salidas: son variables procesadas por el microprocesador del PLC.

Las señales o pulsos que contienen información son procesados por el microprocesador. Es necesario que las señales analógicas (de tensión o corriente senoidal) se conviertan en digitales o binarias para que sean "comprendidas" por los circuitos integrados del microprocesador.

Para poder tratar las señales que provienen de sensores analógicos es necesaria la conversión de esta señal a una de tipo digital. El dispositivo que realiza la conversión es el convertidor analógico-digital (A/D).

Capítulo II

APLICACIONES PRÁCTICAS
DE PLC

Los PLC, entre sus múltiples aplicaciones, se vienen instalando en el campo de la refrigeración, aire acondicionado, calefacción, secaderos para madera o embutidos, etc.; es decir, en el gobierno del frío y el calor para fines determinados.

Existen PLC que pueden ser utilizados en forma directa y sin necesidad de ninguna interfase para los sensores de temperatura.

Además ofrecen al instalador la ventaja de que no necesitan programación previa; lo que implica, entre otras cosas, que no requieren poseer conocimientos sobre programación.

En general, y como se indica en las figuras II-1 y II-2, pueden ser climatizados ambientes como, entre otros, una sala de reuniones, un anfiteatro, una sala de espectáculos, un casino, un restaurante, un centro de cómputos, un supermercado, etc.

En estos PLC, una *salida analógica* como la nominada 10 y 11 en la Fig. 2, gobierna un damper de mezcla (9) y un damper de entrada (11), con la finalidad de regular el ingreso de aire exterior en función de la temperatura requerida para el recinto climatizado y a los efectos de economizar en el consumo de energía eléctrica.

Por ejemplo, en el caso de un teatro ubicado en la costa atlántica, el aire exterior puede ser más frío que el aire climatizado, frente a lo cual se podrá regular el ingreso de aire exterior, con la consiguiente reducción del consumo de energía.

Programas

Los PLC pueden tener dos tipos de programa:

a) Programa estándar.
b) Programa a medida.

Para usar el programa estándar se elige el PLC que se adapte a la utilización específica que se le va a dar.

El programa a medida, implica seleccionar un PLC que se adapte a las necesidades que se han planificado previamente.

Si se requiere un PLC con programa a medida, se deben conocer, para informar al proveedor o fabricante, los siguientes datos:

– Entradas analógicas.
– Entradas digitales.
– Salidas analógicas.
– Salidas digitales.

Ya se explicó en el Capítulo I que toda señal que llega al PLC es una *entrada*, y toda señal que sale del PLC es una *salida*.

También se explicó que las señales pueden ser digitales o analógicas, y que una señal digital tiene sólo dos posiciones, denominadas, según cuál sea el fabricante del PLC, de las siguientes formas: Todo-Nada, In-Out (I/O), On-Off, Sí-No.

Una señal analógica (Fig. I-14) es senoidal o modulante y puede, en su continuidad, contener un rango ininterrumpido de valores, números o porcentajes sin solución de continuidad.

También hemos explicado que, por ejemplo, un pulsador identifica una señal digital y que un sensor (p. ej.: una sonda de temperatura, un transductor, etc.) identifica una señal analógica.

Salidas digitales (SD)

Una salida digital es una señal de salida desde el PLC hacia un componente que hemos denominado *actuador* (por ejemplo, un motor eléctrico, una válvula motorizada o electroválvula, etc.), que posee dos estados operativos bien definidos: marcha o parada.

Ejemplos:

– Comando o pulsador para accionar el on/off de un electroventilador.
– Comando o pulsador para abrir/cerrar una válvula motorizada o electroválvula.
– Comando o pulsador para accionar el on/off de un motocompresor.
– Comando o pulsador para accionar una luz de alarma (visual o sonora).

Entradas digitales (ED)

Una entrada digital es una señal de entrada al PLC que posee dos estados bien definidos: Todo-Nada, Sí-No, On-Off.

Estos estados nos informan si los componentes trabajan correctamente, en caso contrario funcionarán las alarmas ópticas o sonoras.

Ejemplos:

En motocompresores, los presostatos de alta presión de descarga y baja presión de aspiración del refrigerante por parte del compresor.

Los diferenciales de presión de aceite en el carter del compresor.

Los diferenciales de presión de aire (frío o caliente; entrada-salida de aire) en los dampers, por filtros sucios.

Los relés térmicos afectados o instalados para controlar:

– resistencias de calefacción;
– electroventiladores;
– motocompresores;
– electrobombas.

Entradas analógicas (EA)

Una entrada analógica es una señal o pulso de entrada al PLC que posee un rango o secuencia continua (de carácter senoidal); por ejemplo, tensión 0-10V, corriente 4-20 mA, sobre valores indicativos de:

– temperatura;
– humedad;
– presión;
– caudal, etc.

Por ejemplo:

– Sensores de temperatura ambiente.
– Sensores de humedad relativa.
– Sensores de presión.
– Sensores de caudal de aire o agua.

Como ya hemos indicado, las señales senoidales correspondientes a entradas analógicas pueden variar de acuerdo al sensor utilizado. Las entradas analógicas más comúnmente empleadas son: 0-5 Vcc, 0-10Vcc, 4-20 mA, 0-20 mA.

Salidas analógicas (SA)

Una salida analógica es una señal de salida senoidal (de tensión o corriente) desde el PLC, para activar o poner en servicio o marcha un componente que hemos llamado *actuador* (por ejemplo, un motor eléctrico), y que posee, por su carácter senoidal de tensión o corriente, un rango continuo de valores utilizados para el posicionamiento de dicho componente.

Por ejemplo:

– Comando o pulso para modular una electroválvula de control (gas, agua, etc.).
– Comando o pulso para modular un damper (persiana motorizada para regular entrada o salida de aire, etc.).
– Comando o pulso para variar la velocidad de una electrobomba o motocompresor.
– Comando o pulso para variar la velocidad de un electroventilador.

Es oportuno comentar que, con respecto a las cuatro señales analógicas anteriores, se comete un error frecuente al no diferenciar conceptualmente cómo trabaja un *presostato* y como lo hace un *transductor de presión*.

En efecto: mientras el presostato actúa con una señal digital (on/off), o sea, abriendo o cerrando un contacto, el transductor actúa con una señal analógica, ya que informa sin solución de continuidad sobre la presión existente en cada instante del proceso controlado.

El mismo concepto vale para diferenciar la acción de un *termostato* y la de un *sensor (sonda) de temperatura*, y entre un *humidistato* y un *transductor de humedad*.

El Instalador Electricista debe conocer, diferenciar y cuantificar los parámetros comentados precedentemente, por dos motivos:

a) para seleccionar el PLC correcto, pues el fabricante o proveedor representante ofrece varios modelos y calidades que se diferencian entre sí por la cantidad de E/S que tiene cada uno;
b) para poder indicar al fabricante o proveedor representante del PLC, con precisión, las funciones que deberá cumplir el PLC, y a los efectos de desarrollar el programa a medida o específico a la necesidad del cliente para que lo actúe el operador del sistema.

En general, los fabricantes informan el listado de sus productos para seleccionar el PLC con los módulos de E/S que realmente deban utilizarse.

Es importante tener en cuenta que los bornes de los módulos de E/S que no se utilizan se pueden convertir, por ejemplo, de entradas analógicas en entradas digitales.

El Instalador Electricista debe confeccionar una tabla con la cantidad de E/S utilizadas para cada aplicación encomendada y una descripción sencilla de las mismas para orientar al proveedor o fabricante cuál es el PLC que se necesita.

Normalmente, se tienen presente algunos pasos fundamentales para seleccionar correctamente un PLC y solicitar al proveedor su programación correspondiente o explicación sobre la misma.

Ya hemos visto en el Capítulo I los conceptos generales sobre estos autómatas o controles programables. Ahora desarrollaremos conceptos inherentes a las aplicaciones prácticas de estos elementos.

Es indispensable, para el Instalador Electricista, la confección de un esquema, a mano alzada, sobre la configuración de la instalación que debe ser gobernada por el PLC, elaborando para ello una Tabla de Entradas y Salidas (E/S) para cada componente, a los efectos de que con esa información pueda solicitar al proveedor o fabricante la programación necesaria para ese PLC.

En general se puede hacer una abreviación de señales, como las siguientes:

- EA: entrada analógica.
- SA: salida analógica.
- ED: entrada digital.
- SD: salida digital.

Para fijar las ideas se desarrollará, por ejemplo, un sistema para climatizar un ambiente, observando: *Humectación, Ventilación, Aire frío, Calefacción (aire caliente)*; aspectos que sintetizaremos con la sigla HVAC y que denominaremos Esquematización de Sistema HVAC, para lo cual debemos conocer previamente los componentes del sistema mecánico HVAC a controlar. Es decir, primero se debe entender cómo trabaja cada componente del sistema mecánico para el servicio de HVAC, para luego poder seleccionar el PLC más adecuado a nuestra necesidad.

En el esquema de la Fig. II-1 se observa un posible sistema para HVAC donde se muestran claramente los componentes mecánicos principales, tales como; ventiladores centrífugos, serpentinas por donde circula el agua caliente en invierno (calefacción) y el agua fría en verano (aire acondicionado), dampers (registro a persianas regulables en forma

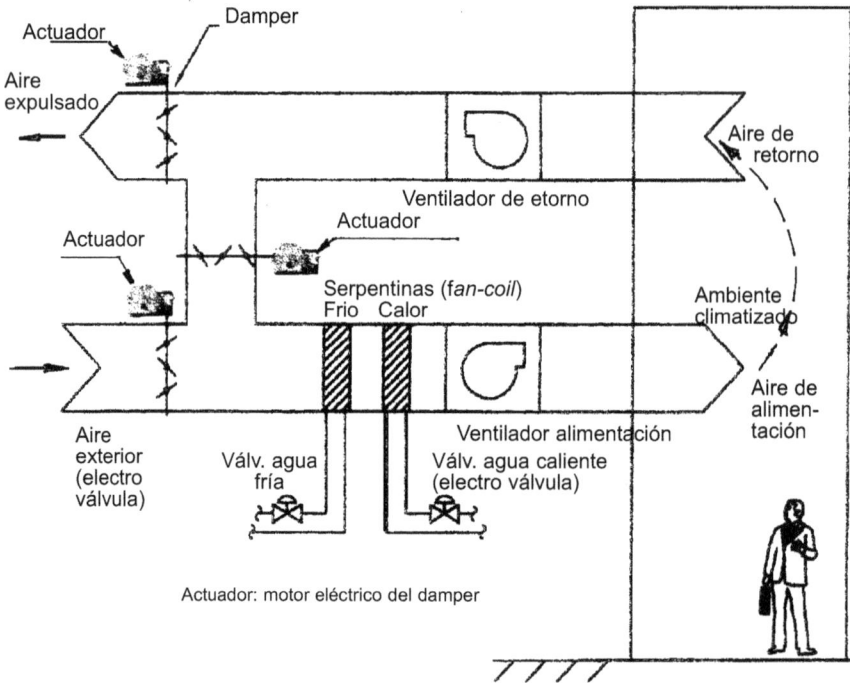

Fig. II-1.

motorizada para la salida de aire frío o caliente), válvulas motorizadas para regular la entrada o salida de agua caliente y de agua fría, etc.

En la Fig. II-2 se indican los componentes operativos a ser controlados y la confección de una tabla de entradas y salidas analógicas y digitales.

Una vez realizado el diagrama de funcionamiento para el servicio integral de HVAC, se deben identificar los componentes, los puntos de control, y se les debe asignar los tipos de señales que recibirá cada *actuador* (ventilador, damper, válvulas, etc.), conforme a su funcionamiento (ED, SD, EA, SA), y de acuerdo a lo detallado en la Fig. II-2.

Obsérvese que las SA energizan *actuadores* (motores eléctricos) y accionan los dampers, las electroválvulas que "analógicamente" regulan la entrada y salida de aire (dampers) o la entrada y salida de agua por la serpentina de frío-calor (*fan-coil*).

Conforme al balance de entradas analógicas y digitales, como así también de salidas analógicas y digitales, se hará la elección del PLC que gobernará el sistema de HVAC que estamos diseñando.

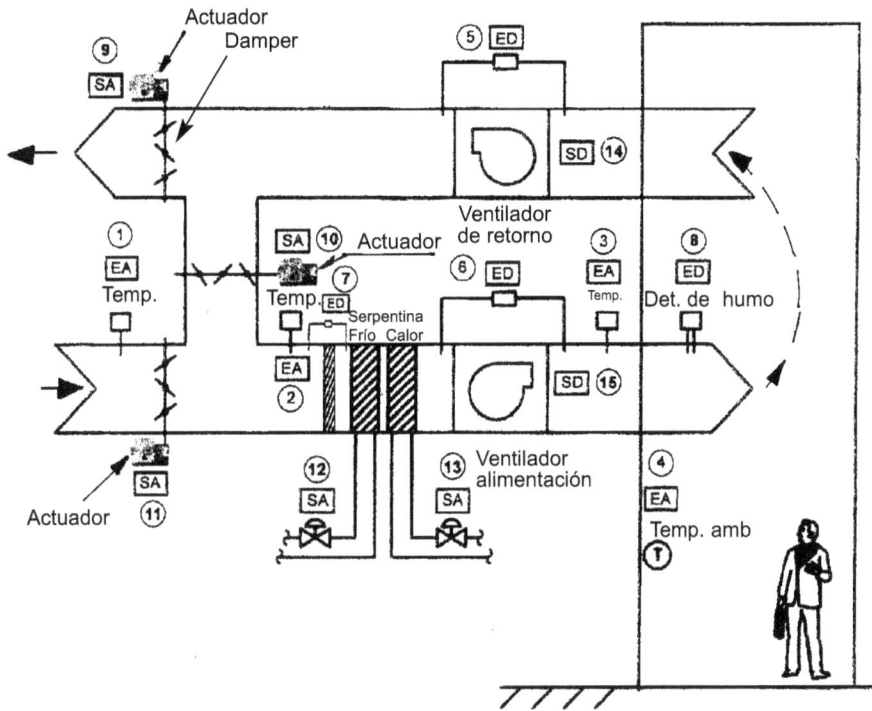

**Fig. II-2. Sistema controlador de humedad, ventilación, aire acondicionado
y calefacción para climatizar ambientes (HVAC).**

En cuanto a los módulos de entradas y salidas que deberá satisfacer el PLC, serán conformes a la siguiente tabla:

Entradas		Salidas	
Analógicas	**Digitales**	**Analógicas**	**Digitales**
1 Sensor temp. exterior	5 Pres. difer. vent. retorno	9 Actuador salida	14 Vent. de retorno
2 Sensor temp. Mezcla	6 Pres. difer. vent. aliment.	10 Actuador mezcla	15 Vent. de aliment.
3 Sensor temp. aliment.	7 Pres. difer. filtro sucio	11 Actuador exterior	
4 Sensor temp. ambiente	8 Detector de humo	12 Válvula de frío	
		13 Válvula de calor	
Total 4	4	5	2

Concluida esta tabla, el Instalador Electricista no necesita tener conocimientos de programación, pues habiendo realizado un esquema a mano alzada de los parámetros que se requiere controlar o parametrizar, el departamento técnico del proveedor del fabricante desarrollará el programa para el operador del PLC seleccionado como necesario o adecuado.

Planta de refrigeración

Previamente a la explicación sobre una aplicación de PLC a una instalación más completa para refrigeración, analizaremos la naturaleza del ciclo para refrigeración mecánica.

Parte mecánica

La figura II-6 ilustra el esquema mecánico para el ciclo de refrigeración o aire acondicionado.

El gas refrigerante (por ejemplo, Freón 12,22, etc.) es aspirado del evaporador por la parte de baja presión del compresor y descargado por la parte de alta presión hacia el condensador.

Tanto las presiones de alta como de baja, son controladas por presostatos calibrados para que los valores no excedan ciertos límites de seguridad prefijados tanto para la aspiración como para la descarga del compresor. Las presiones inadecuadas pueden perjudicar los "flappers" en la cabeza del compresor.

En la figura II-3, estos presostatos están indicados como "LP" (low pression) y "HP" (high pression) y actúan mediante transductores para alta y baja presión que controlan analógicamente aquellos valores.

En el condensador, el calor de compresión impulsado por el compresor y acumulado por el gas refrigerante, es extraído, al ponerse en contacto la superficie de los tubos de bronce o latón por donde circula el refrigerante, con el enfriamiento exterior que sufren estas tuberías al ser "bañadas" por aire o agua de enfriamiento. El aire de enfriamiento, en el caso que nos ocupa, es provisto por ventiladores (extractores) que quitan el calor del condensador. Si el circuito de enfriamiento es por medio de agua de condensación, ésta es conducida por electrobombas hasta una torre de enfriamiento, para la transferencia, hacia la atmósfera, del calor acumulado en el agua de condensación. Pero este no es nuestro caso, donde la transferencia del calor de condensación del refrigerante se hace, como ya hemos señalado, por medio de ventiladores extractores.

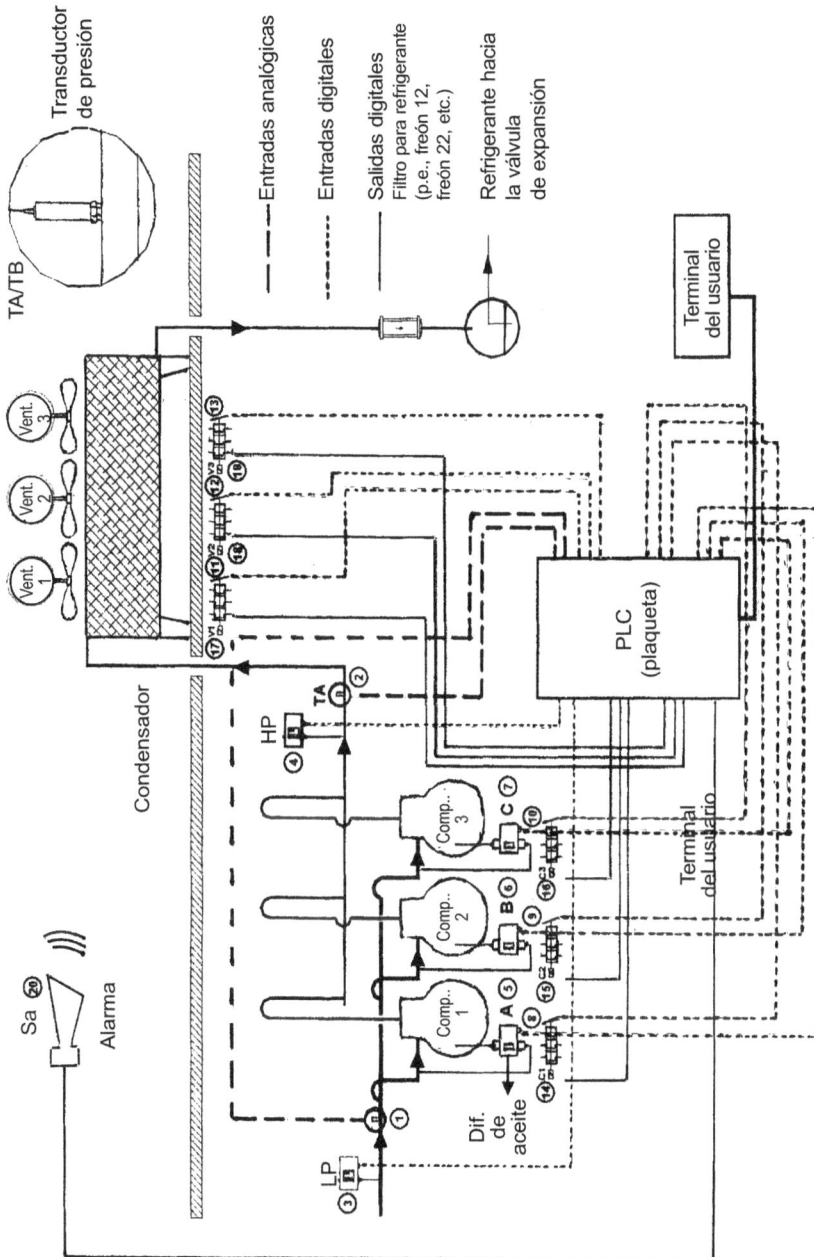

Fig. II-3.

Los tubos del evaporador están en contacto con el retorno de aire o agua para el ambiente a climatizar. La transferencia del calor del aire o agua de retorno a través de los tubos del evaporador por convección, hace "hervir" el refrigerante que en el evaporador se encuentra en estado de vapor saturado húmedo, extrayendo calor para refrigerar el ambiente a climatizar.

Los tubos del evaporador normalmente están construidos con latón, que es un material que permite una fácil transferencia por convección del calor a disipar. Un razonamiento similar cabe para el condensador, donde los tubos, sin embargo, suelen ser de cobre, por razones de mantenimiento y limpieza de impurezas provenientes del agua utilizada para la condensación.

La finalidad de la refrigeración es hacer circular, en un circuito cerrado, una pequeña cantidad de refrigerante, tantas veces como permita la velocidad de rotación del compresor o motocompresor, para obtener así la climatización deseada.

Para este objetivo se realiza un balance térmico, orientado a determinar la capacidad de los componentes (compresor, evaporador, condensador, válvula de expansión, e instalaciones complementarias), aunque no corresponde analizarlo en este libro.

En la Fig. II-3 observamos, a la salida del condensador de aire, un filtro que contiene una sustancia higroscópica (por ejemplo: silica-gel), para retener los posibles vestigios de humedad que pudiera contener el freón, como así también impurezas que puedan dañar u obstruir la válvula de expansión. Convenientemente seleccionada y calibrada por el fabricante, esta válvula de expansión tiene la finalidad de laminar el refrigerante para que entre al evaporador en forma de vapor saturado húmedo (niebla), así como dosificar la adecuada cantidad de refrigerante que ingresa al evaporador, para absorber el calor del ambiente o recinto que se desea climatizar.

Parte eléctrica

Las protecciones eléctricas de los motocompresores, electroventiladores, electrobombas, etc. están gobernadas por presostatos, como ya señalamos, identificados en el esquema de la Fig. II-3 por las siglas HP y LP.

Los presostatos para la presión de aspiración y descarga del compresor y los diferenciales de aceite para el aceite refrigerante del cárter del compresor están identificados con las letras A, B y C.

El PLC gobierna las bobinas de trabajo de los contactores que detienen o ponen en marcha los compresores a través de señales digitales en los contactos NA o NC.

Lo mismo vale para los electroventiladores, cuyas bobinas de trabajo de los respectivos contactores están indicados como V_1, V_2, V_3, como salidas digitales (NC o NA), identificadas con los números 17, 18 y 19. La salida digital 20 corresponde a una señalización sonora o alarma.

Entradas		Salidas	
Analógicas	**Digitales**	**Analógicas**	**Digitales**
1 Transductor de baja (TB)	3 Presostato de baja (TB)		14 Bobina cont. comp. 1 (C1)
2 Transductor de alta (TA)	4 Presostato de alta (HP)		15 Bobina cont. comp. 2 (C2)
	5 Diferencial aceite 1 (A)		16 Bobina cont. comp. 3 (C3)
	6 Diferencial aceite 2 (B)		17 Bob. cont. vent. 1 (V1)
	7 Diferencial Aceite 3 (C)		18 Bob. cont. vent. 2 (V2)
	8 Térmico compresor 1		19 Bob. cont. vent. 3 (V3)
	9 Térmico compresor 2		20 Salida alarma (SA)
	10 Térmico compresor 3		
	11 Térmico ventilador 1		
	12 Térmico ventilador 2		
	13 Térmico ventilador 3		
Total 2	11	0	7

Desarrollo de lsa leyendas para salidas digitales:
14: Bobina de trabajo del contactor para motocompresor 1 (C1).
15: Bobina de trabajo del contactor para motocompresor 2 (C2).
16: Bobina de trabajo del contactor para motocompresor 3 (C3).
17: Bobina de trabajo del motor ventilador 1 del condensador.

Nota: El presostato otorga una señal digital (NA o NC). El transductor de presión otorga una señal analógica (verificación del estado de la presión de aspiración y descarga del compresor en función del tiempo sin solución de continuidad).

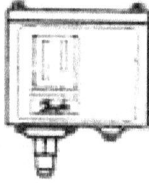

Fig. II-4. Presóstato

Fig. II-5. Transductor de presión

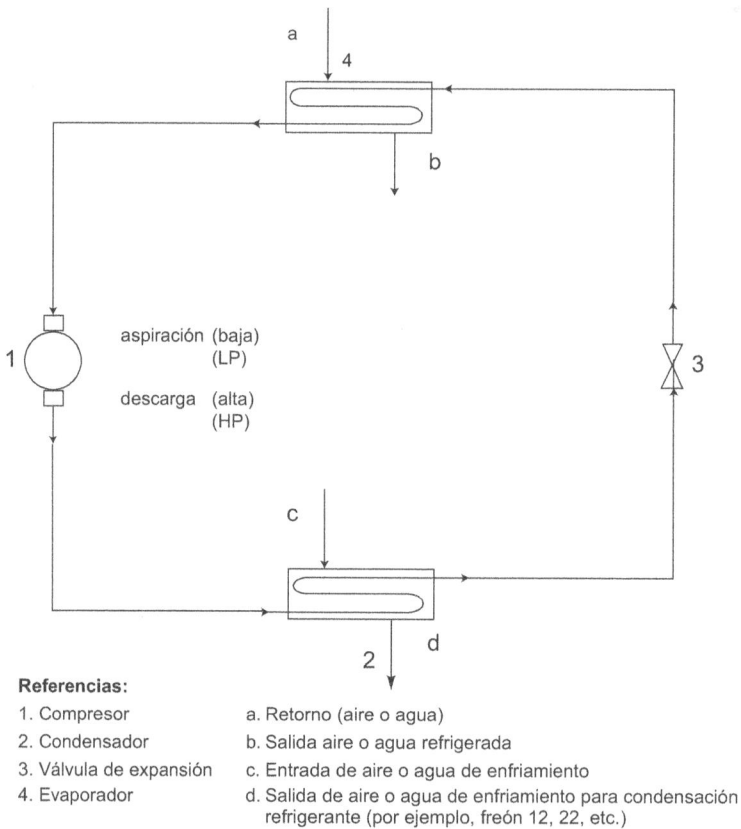

a

4

b

aspiración (baja)
(LP)

1

descarga (alta)
(HP)

3

c

2   d

Referencias:

1. Compresor   a. Retorno (aire o agua)
2. Condensador   b. Salida aire o agua refrigerada
3. Válvula de expansión c. Entrada de aire o agua de enfriamiento
4. Evaporador   d. Salida de aire o agua de enfriamiento para condensación
                         refrigerante (por ejemplo, freón 12, 22, etc.)

**Fig. II-6. Esquema mecánico de componentes para el ciclo de refrigeración o
aire acondicionado.**

Otro ejemplo sencillo de aplicación de PLC lo mostramos en las figuras II-7 y II-8, donde se observan bornes disponibles en los módulo E/S, a los cuales puede darse otro destino.

La alimentación de línea en 220 V se hace a través de ITM, donde también se aplica al neutro conforme a Reglamento AEA.

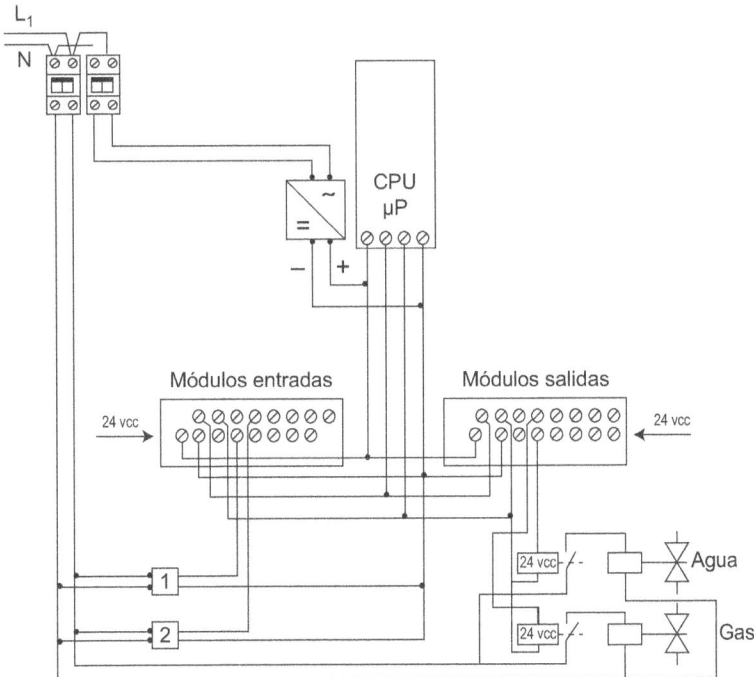

1: Detector de inundación. 2: Detector de gas. Cableado: 1,5 mm²

Fig. II-7.

Se energiza una fuente de alimentación para salida de 24 Vcc.

Es oportuno informar al lector que en aplicaciones industriales los 24 Vcc se están convirtiendo en la tensión de alimentación por excelencia.

Cualquier variable que pueda transformarse en una señal o pulso eléctrico (tensión, intensidad, frecuencia, humedad, presión, caudal, etc.), se denomina *consigna*.

Como ya se explicó, la CPU es un microprocesador (μ P) conformado por circuitos integrados de fabricación miniaturizada, cuya fabricación responde a un lenguaje binario (0 y 1).

Programación
Cableando los detectores con el contacto NC

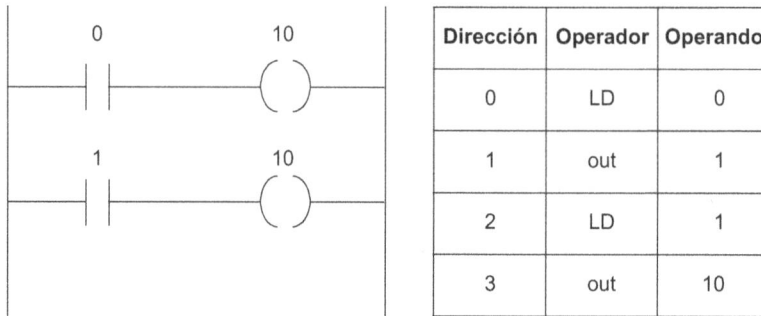

Dirección	Operador	Operando
0	LD	0
1	out	1
2	LD	1
3	out	10

Programación
Cableando los detectores con el contacto NA

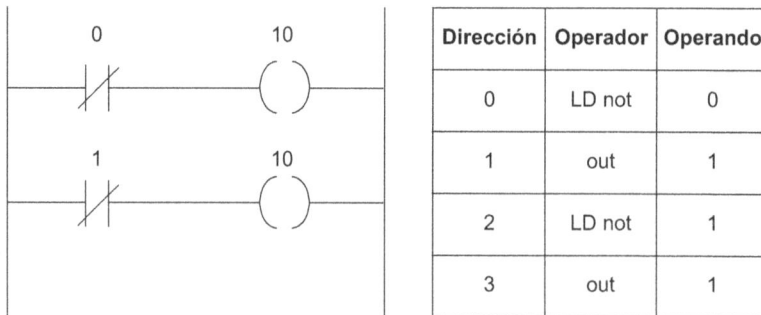

Dirección	Operador	Operando
0	LD not	0
1	out	1
2	LD not	1
3	out	1

Fig. II-8.

En este ejemplo, la finalidad del PLC, muy elemental por cierto, es gobernar dos electroválvulas o válvulas motorizadas, para la provisión inteligente de gas y agua conforme lo señalado en el esquema de la Fig. II-7 y consecuente programación de la Fig. II-8. La programación nemónica está diseñada con la nomenclatura específica.

Se aclara al lector que la finalidad de este trabajo sobre conceptos de PLC, no es dar un curso específico, sino brindar conocimientos básicos para facilitar la comprensión en las prácticas aranceladas que el Instalador Electricista pueda obtener en los cursos de capacitación que ofrecen los fabricantes de estos automatismos a través de sus representantes, y considerando que en general los PLC son de procedencia extranjera y la diversidad de autómatas muy extensa. Los conceptos básicos y esenciales que estamos explicando en este trabajo contribuirán a un buen desempeño del Instalador.

Con la aplicación de un PLC pequeño, al que denominaremos genéricamente "autómata", vamos a explicar el anterior ejemplo de la Fig. II-7 de una forma más didáctica y conceptual.

Imaginemos el montaje de lo s mismos detectores D1 y D2 para inundación y fugas de gas.

Podemos disponer el detector de gas a una distancia del suelo de entre 1,5 y 2 metros, y aproximadamente a una distancia de 1,5 metros de la fuente de gas (por ejemplo una cocina).

El detector para inundación de agua se instalará por ejemplo en una dependencia susceptible de inundación, a una altura del suelo que definirá el usuario.

1) Detector de inundación

En la Fig. II-9 se puede ver el esquema eléctrico. Se ha considerado un autómata con alimentación de 220 V.

Supongamos que este detector basa su funcionamiento en un contacto NA en reposo, y donde por inundación pasa a NC, dando continuidad eléctrica al conductor de fase L.

Por una razón constructiva del detector que no entraremos a analizar, el agua ingresa al mecanismo del detector haciendo que el contacto operativo pase de NA a NC y donde desaparecida la inundación volverá a NA.

El contacto pasando de NA a NC genera una salida digital o binaria que va a ingresar a una entrada digital o en el autómata.

El microprocesador del autómata (lo que es la CPU en una PC, pero de menor tamaño),es un circuito integrado que puede tener el tamaño de una uña de un dedo humano(chip)que procesa toda la información en forma binaria, o sea "lee" información digital.

Un relé interno conformado por un transistor (el circuito integrado del microprocesador del autómata está integrado fundamentalmente por transistores),hará que el contacto NA de la Salida a Relé Q1 pase de NA a NC, activando la bobina de trabajo del contactor que pondrá en funcionamiento la electroválvula V1 para desalojar el agua del ambiente donde está instalado el detector D1.

2) Detector de gas

Igual razonamiento al explicitado anteriormente para el detector D1, podemos hacer para el detector por fuga de gas D2.

V$_1$, V$_2$:	Electroválvulas	D$_2$:	Detector de gas (contacto NA)
Q$_1$, Q$_2$:	Salidas a relés	Contactor 1: Bobina de trabajo
I$_1$, I$_2$:	Entradas digitales	Contactor 2: Bobina de trabajo
D$_1$:	Detector de inundación (contacto NA)	

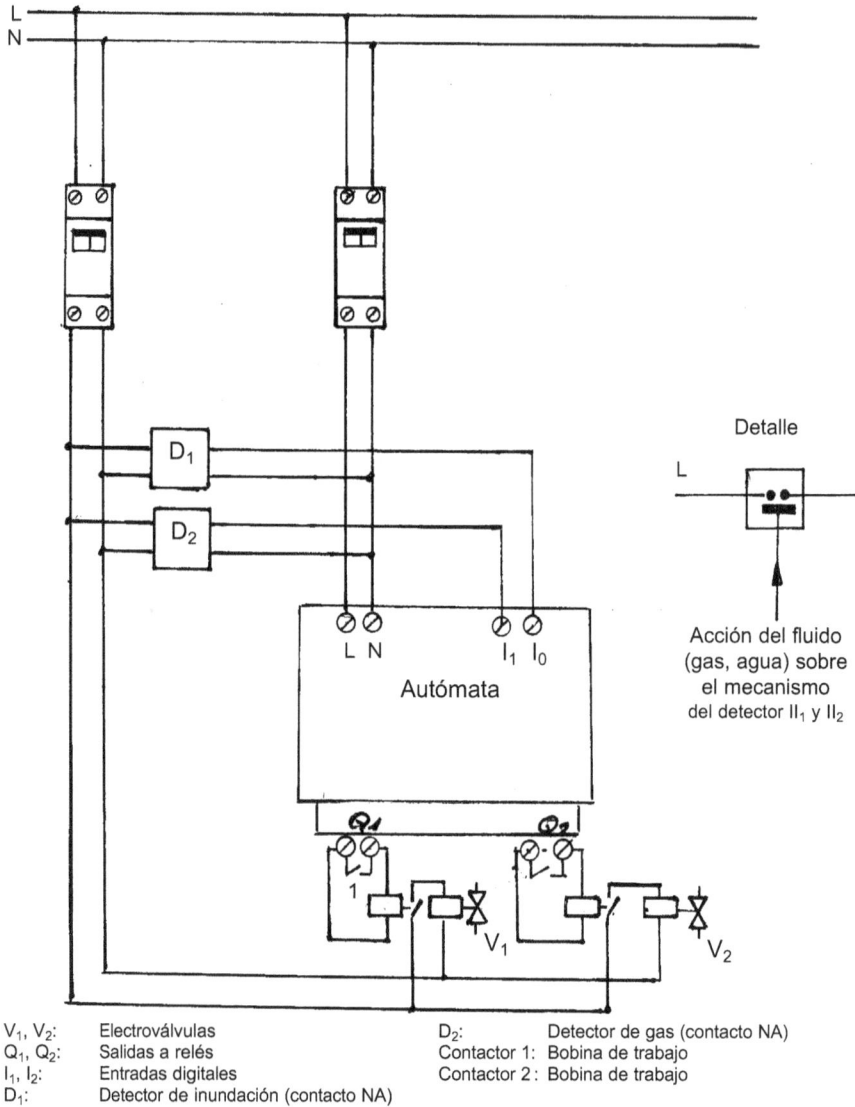

Fig. II-9. Montaje de detectores para inundación y fugas de gas con autómata para gestionar electroválvulas operativas.

En la Fig. II-10 hemos presentado otro ejemplo elemental y también con fines didácticos de aplicación de un autómata o pequeño PLC alimentado con tensión de red, donde se emplea un motor monofásico y con la inversión de marcha del motor realizar el ascenso y descenso de una persiana.

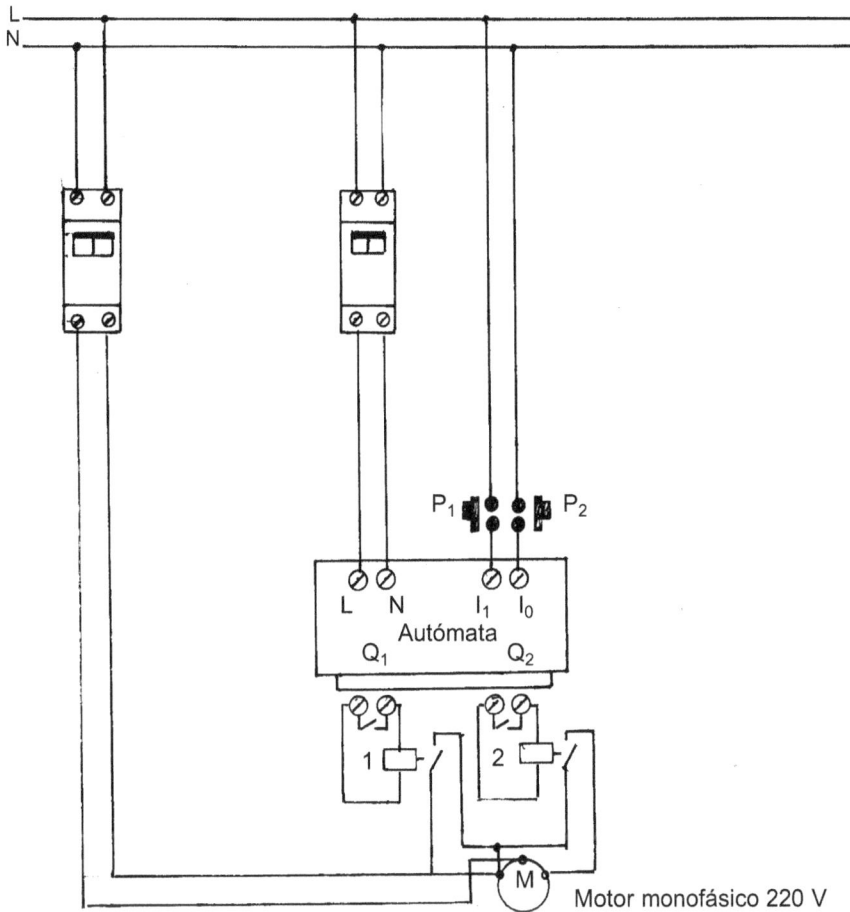

Fig. II-10. Montaje de persiana motorizada con autómata para gestionar subida y bajada.

Entradas

P_1: Pulsador de subida
P_2: Pulsador de bajada

Salidas

Contactor 1: Bobina de trabajo
Contactor 2: Bobina de trabajo

Capítulo III

CONTACTORES

Básicamente el contactor es un dispositivo para maniobra a distancia, es decir, constructivamente tiene la capacidad para cortar la alimentación eléctrica de una instalación o carga con la posibilidad operativa de ser comandado a distancia, obedeciendo las órdenes de contactos auxiliares preparados para trabajar NA y/o NC.

En instalaciones eléctricas, los contactores más empleados son los electromagnéticos.

Los contactores electromagnéticos se accionan mediante un electroimán o una bobina y pueden considerarse como interruptores accionados eléctricamente, ya que permiten cortar la corriente de alimentación a un circuito a través de una señal de mando eléctrico.

El interruptor convencional se diferencia del contactor porque en el aquél la corriente eléctrica puede ser cortada de manera manual.

Los contactores están constituidos por una bobina, los contactos principales y los contactos auxiliares (Figs. III-1 y III-3).

Al circular corriente por la bobina, ésta se energiza, atrayendo los contactos principales para cerrar el circuito y conmutando los contactos auxiliares, cambiándolos según la naturaleza de la operación eléctrica proyectada de NA a NC o viceversa (señal digital).

Los contactos principales de un contactor están siempre abiertos en su posición de reposo y son los encargados de alimentar el circuito de potencia.

Los contactos auxiliares permiten gobernar o controlar el circuito de mando que acciona o energiza el circuito de potencia, a través del contactor principal.

Conforme a las necesidades operativas de la instalación de potencia o fuerza motriz diseñada para una aplicación (refrigeración, ventilación, variador de velocidad, arranque de motores, etc.), el usuario puede encontrar contactores con diferentes dispositivos complementarios (acústicos, ópticos, etc.) y la cantidad necesaria de contactos auxiliares, los cuales son gobernados por sensores que actúan sobre ellos. Los sensores pueden ser, por ejemplo, un termostato, un interruptor límite, etc.

Los diferentes contactos de un contactor, conforme a las normas IEC (Internacional Electrical Comission), tienen una designación específica, como sigue:

- El contactor se designa por las letras KM seguidas por su número de orden en el sistema y aguas abajo. Por ejemplo, KM1, KM2, etc. (ver Figs. VII-3 y Fig. VII-4) Arrancador λ / Δ gobernado por PLC).
- La bobina del contactor se designa con la letra A, seguida de un número correlativo que designa el terminal de la bobina: A1, A2.
- Los contactos principales se designan correlativamente con los números 1 al 6 según los polos que posea (bipolar, tripolar).
- Los contactos auxiliares se designan por un número de dos cifras, donde las unidades indican el tipo de den del contacto en el contactor.
- 1 y 2, contactos normalmente cerrados (NC).
- 3 y 4, contactos normalmente abiertos (NA).
- 5 y 6, contactos con retardo a la conexión.
- 7 y 8, contactos con retardo a la desconexión.

Para la elección de un contactor hay que tener en cuenta las características operativas del circuito en el que va a ir insertado o instalado, por lo que normalmente el fabricante del contactor informa los siguientes datos, a través de sus catálogos:

- Tensión nominal: es la tensión de funcionamiento para la que ha sido fabricado el contactor.
- Intensidad de empleo o nominal (In): es la corriente eléctrica a la que un contactor puede operar estando en servicio continuado.
- Intensidad de sobrecarga (Is): es la corriente eléctrica que el contactor puede soportar en condiciones de funcionamiento durante 8 horas sin sufrir un calentamiento definido.

La relación entre la corriente nominal y la corriente de sobrecarga depende de las características de la carga; conforme a ello, la categoría de servicio para los contactores es AC1, AC2, AC3 y AC4. La categoría de empleo de un contactor define la naturaleza de carga (resistiva, inductiva, capacitiva). Salvo excepciones, como pueden ser el arranque y frenado de motores, en las instalaciones automatizadas, la categoría de empleo más utilizada es la AC1 cuando los receptores en corriente alternada tienen un factor de potencia mayor de 0,95 (o sea, carga de carácter resistivo).

Para el funcionamiento en corriente continua, también se definen las categorías de empleo correspondientes como DC1, DC2, etc.

Contactos auxiliares

Los contactos auxiliares se designan de la misma forma que los contactos principales de los contactores.

Relés

Los relés electromagnéticos tienen un funcionamiento similar a los contactores, pero están constituidos sólo por una bobina y por contactos auxiliares (Fig VI-8).

Cuando la bobina se energiza por el paso de una corriente eléctrica, atrae un contacto, y al desenergizarse rechaza ese contacto. Cuando lo atrae, al igual que en el contactor, el contacto pasa de NA a NC, y cuando lo rechaza, la posición pasa de NC a NA. El paso de corriente, en el contacto auxiliar, constructivamente, vence la acción de un resorte, para que el contacto auxiliar pase de NA a NC. Al dejar de pasar la corriente por la bobina, el resorte hace abrir el contacto, pasando de NC a NA, e interrumpe el paso de corriente por el circuito.

El relé se designa por las letras KA seguidas del número de orden que ese relé tiene, mientras que las bobinas se designan por las letras A1 y A2.

Representación de esquemas eléctricos

Los esquemas básicos que intervienen en la representación de circuitos son en general dos, aunque pueden representarse en un único esquema. Los tres son:

- Esquema de mando o maniobra. Representa la instalación con los elementos de control que gobiernan los componentes de potencia.
- Esquema de potencia. Representa la instalación con los elementos de control que gobiernan la operatividad de los elementos de potencia (interruptores, motores, contactores, etc.). Por lo general se representa con trazo más grueso que los demás esquemas.

— Esquema general de conexiones. En instalaciones simples, los dos esquemas anteriores pueden estar dibujados en un mismo esquema general, denominado *circuito general de conexiones*.

Conforme a las normas IEC, en la identificación de cada elemento de un esquema es necesario indicar, además del símbolo eléctrico, los componentes insertados en el circuito. Es así que a cada elemento se lo identifica con una letra de referencia, seguido por el número de orden del elemento en el esquema. El orden generalmente va desde arriba abajo o desde aguas arriba hacia aguas abajo del circuito.

Las principales letras de referencia son:

B: dispositivos de conversión de magnitudes no eléctricas a magnitudes eléctricas; por ejemplo, detectores.

F: dispositivos de protección.

G: generadores.

H: dispositivos de señalización.

K: relés y contactores. En este caso, si el elemento es un contactor se le agrega la letra M, y si es otro elemento auxiliar, la letra A. Ejemplo: contactor KM1 y relé KA1.

M: motores.

P: instrumental de medida.

Q: elementos de mando en circuitos de potencia, tales como interruptores, seccionadores, seccionadores bajo carga, etc.

S: elementos de mando para circuitos de control, tales como pulsadores, contactos auxiliares, etc.

T: transformadores.

Y: aparatos eléctricos accionados mecánicamente, tales como electroválvulas.

El contactor es el aparato más utilizado para maniobra de motores, tanto en la industria como en instalaciones eléctricas en edificios.

El contactor además permite el arranque directo de motores trifásicos (Ver Figs. III-1 y III-2); es decir, admite corrientes de arranque de 6 a 8 veces las normales, y su funcionamiento es, además, muy sencillo.

Como puede apreciarse en las Figs. III-1 y III-2, el electroimán o bobina de trabajo puede estar alimentada a 220 V ó 380 V. La bobina de trabajo recibe la tensión de accionamiento conformando el denominado circuito de potencia o comando.

En el circuito de comando se incluyen también los contactos auxiliares, lámparas de señalización, pulsadores, etc.

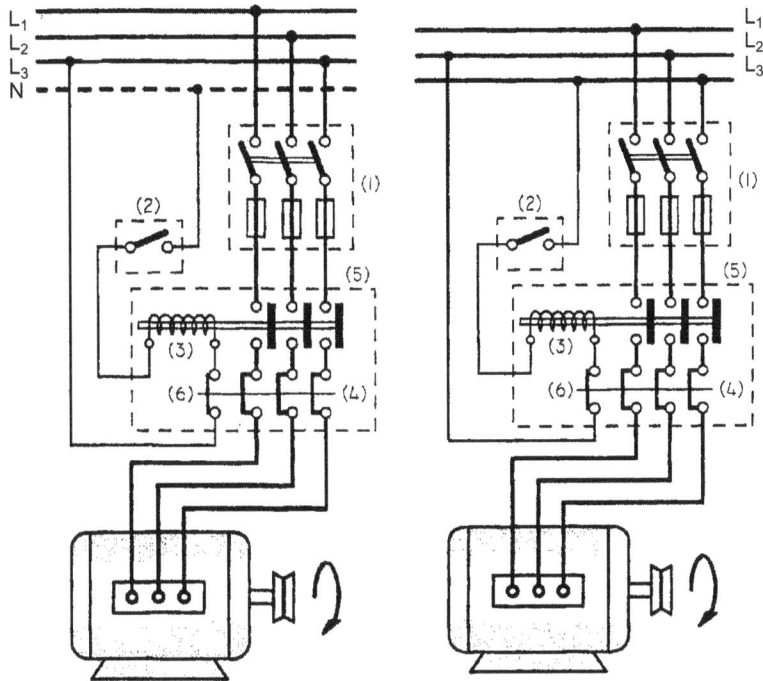

A (izq.): Bobina de trabajo para 220 V.   B (der.): Bobina de trabajo para 380 V.

(1) Seccionamiento con fusibles NH.	(3) Bobina de trabajo.	(5) Contactor.
(2) Contacto auxiliar.	(4) Relevos térmicos.	(6) Contacto auxiliar.

Motores trifásicos para accionamiento de compresores para equipos de refrigeración, gobernados por contactos auxiliares (2), pasando de NA a NC mediante la acción del termostato del evaporador o presostato del compresor.

Fig. III-1. Contactor (S). Dispositivo de maniobra para motores.

El riel DIN de 35 mm aporta ventajas para reducir tiempos y costos en la instalación de los contactores.

Los contactos son la parte más delicada de los contactores, y están fabricados con aleaciones de plata con detalles de aleación de acuerdo a los distintos fabricantes, informando sobre la vida eléctrica, expresada en ciclos de maniobra para la elección del contactor y su adecuado mantenimiento.

En las Figs. III-1 y III-2 se ha señalado como dispositivos de protección contra cortocircuitos, los fusibles de alta capacidad de ruptura NH.

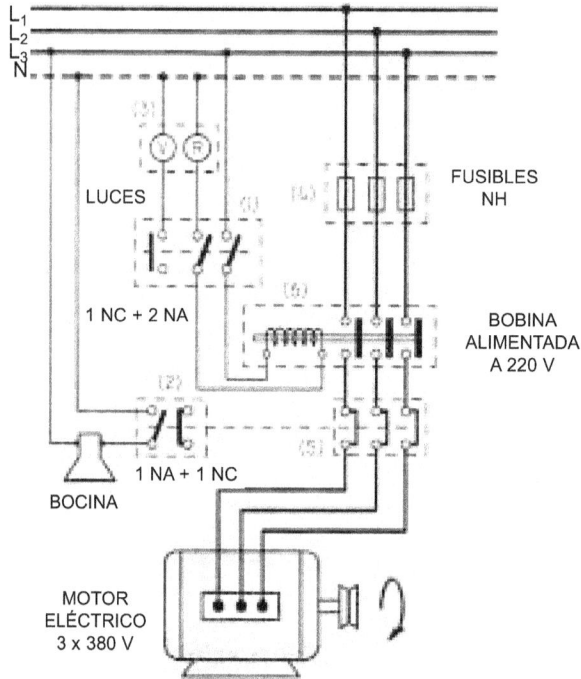

(1) Módulo auxiliar 1 NC + 2 NA.
(2) Módulo auxiliar 1 NC + 1 NA.
(3) Piloto de señalización (luz verde-luz roja)

(4) Fusibles tipo NH para alto poder de ruptura
    (hasta 500 V)
(5) Relé térmico (protección contra sobrecargas).
(6) Contactor con bobina de trabajo alimentada a
    200 V.

Concepto eléctrico de contactor mostrando algunos accesorios operativos (contactos NA y NC, relés térmicos, fusibles de alto poder de ruptura tipo NH, bobina de trabajo).

Fig. III-2. Contactor (6).
Dispositivo de maniobra para motores.

Los relevos térmicos para las sobrecargas

Para el accionamiento de motores, la modalidad de protección, combinando fusible-relevo térmico, fue siendo reemplazada por la instalación de guardamotores, dispositivos integrales para arranque, parada y protección contra sobrecargas y cortocircuitos en un solo módulo.

El tema de las protecciones es toda una especialización, debido a que deben estar coordinadas.

Para el diseño de los fusibles puede emplearse una tabla que informa la intensidad de los mismos en función de la intensidad de los motores a plena carga (ver Fig. VIII-5: Tabla informativa sobre valores específicos para motores eléctricos). Asimismo, deberá tenerse presente que los fusibles deben admitir la corriente de arranque, que en algunos casos llega a valores de 6 a 8 In (dato informado por el fabricante del motor eléctrico).

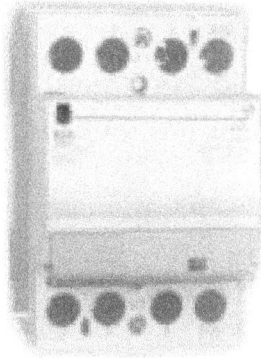

Fig. III-3. Contactores.

Capítulo IV

GUARDAMOTORES

Conceptos básicos

Los guardamotores son esencialmente dispositivos para arranque y parada de motores, en un módulo que integra también la protección contra sobrecargas y cortocircuitos.

El guardamotor puede definirse también como un interruptor automático diseñado para la protección integral de motores, con maniobra confiable hasta 15 kW y fabricados conforme a lo reglamentado por la norma IEC 60947. Su operatividad se combina con el uso de contactores.

Como puede apreciarse en la Fig. IV-1, el guardamotor permite reunir todas las necesidades de un arranque directo en un solo módulo. Dentro de ciertos límites, este dispositivo reemplaza la combinación fusible-relevo térmico.

A diferencia del contactor, el guardamotor tiene una capacidad reducida de maniobra, no permite el mando a distancia y su vida útil es reducida. Es decir que los guardamotores, en general, no admiten la inserción de contactos auxiliares NC y/o NA.

Tienen las siguientes ventajas: precio reducido, montaje simple, demandan poco espacio, poco mantenimiento y poco costo de mano de obra.

En cuanto a la protección del motor, es óptimo contra sobrecargas y falta de fase.

Respecto del circuito, el guardamotor es de protección limitada, pero responde bien a las sobrecargas. Por ello en el tablero principal es más efectivo un ITM (interruptor termomagnético) clase D para carga inductiva, en lo que respecta a la protección eléctrica de los conductores de alimentación para la instalación de fuerza motriz contra sobrecargas y cortocircuitos.

~ 3 x 380 V   50 Hz

L₁

L₂

L₃

2

1

3

4

5

M
~

1. Maneta rotativa
2. Mecanismo de disparo
3. Contactos
4. Relevos térmicos
5. Relevos magnéticos

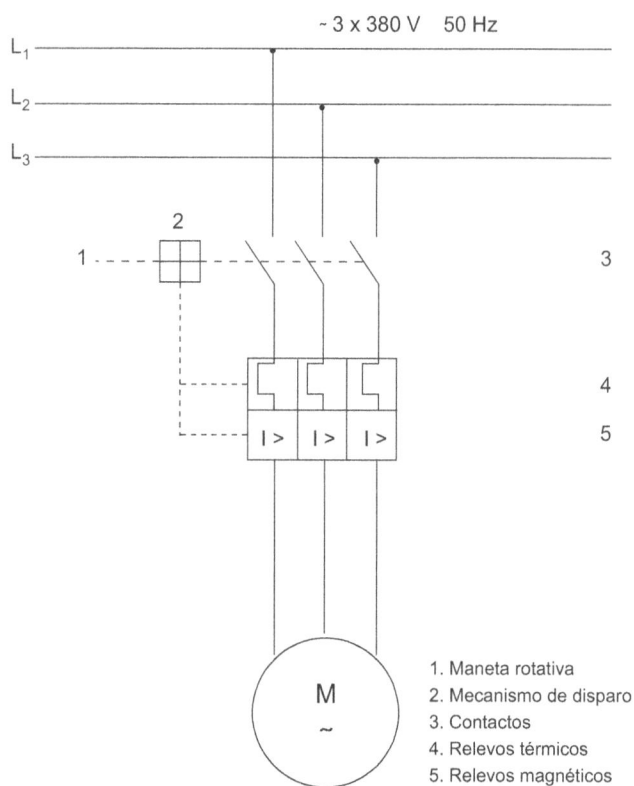

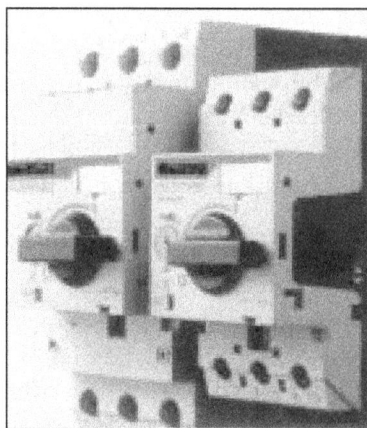

**Fig. IV-1. Guardamotor
(dispositivo de protección de motores).**

La protección integral del guardamotor la podemos nominar como sigue:

– Subtensión.
– Sobretensión.
– Sobrecarga.
– Cortocircuito.
– Defectos a tierra.
– Defectos de aislamiento.
– Sobretemperatura en el motor.
– Sobretemperatura provocada por la carga que sirve el motor.

Actualmente hay una marcada tendencia a instalar el conjunto guardamotor + contactor para la protección y maniobra de motores eléctricos.

En esta combinación, el contactor es el que realiza las maniobras de arranque y parada, ordenadas por contactos auxiliares (por ejemplo, en sistemas de refrigeración), mientras que el guardamotor cumple la finalidad de brindar protección térmica a los bobinados contra sobrecargas, y protección magnética para actuar ante cortocircuitos y evitar que los bobinados se quemen.

En esta combinación operativa en fuerza motriz, la función térmica en los guardamotores la cumplen los conocidos relés térmicos, ya que la curva de repuesta es idéntica y está clasificada como clase 10 según IEC 60947-4-1.

Esta curva o característica de funcionamiento del relé térmico funciona correctamente en arranques normales a plena tensión y plena carga.

Para el caso de arranques pesados –motores que tardan más de 10 segundos para arrancar, como es el caso de bombas y ventiladores centrífugos de gran diámetro, con masas de rotación importantes y con velocidades elevadas–, debe verificarse que los parámetros intensidad de corriente de arranque y tiempo se ubiquen debajo de la curva del guardamotor informada por el fabricante de éste. Caso contrario, el guardamotor funcionará o disparará erróneamente durante el arranque del motor que protege.

Para la correcta calibración de la función térmica del relé del guardamotor, se debe tomar la carga del motor, o sea la corriente del motor a plena carga, y programar (setear) ese valor de corriente en el dial del guardamotor; de esta forma el conjunto operará conforme a su diseño.

Ante la falta de fase, el guardamotor también actúa por la presencia en su construcción de repuesta diferencial ante la falta de fase, de la misma forma que los relevos térmicos ante sobrecargas; es decir que, ante la falta de fase, los fabricantes disponen la repuesta diferencial reduciendo el tiempo de actuación del guardamotor.

La falta de fase en el motor produce dos efectos:

– Aumento de la intensidad de corriente en las otras dos fases.
– Aumento en las pérdidas en el hierro (corrientes parásitas o de Foucault). Estas pérdidas generan una temperatura adicional, que es detectada por la repuesta diferencial.

Respuesta magnética del guardamotor

La parte magnética del guardamotor está diseñada por el fabricante para cortar la alimentación eléctrica al motor ante una sobrecarga de más de 10 veces la intensidad de arranque de éste.

Muchos guardamotores vienen con una calibración de fábrica de hasta 12 veces la intensidad de arranque del motor.

En cierto modo podemos decir que el guardamotor se comporta como un interruptor accionado por sobrecarga o cortocircuito.

En los casos en que el nivel de cortocircuito supera la capacidad del guardamotor, puede optarse por la instalación de fusibles de respaldo.

Los Instaladores Electricistas deben tener presente que los calentamientos en los motores eléctricos son letales, y aunque aparentemente no se visualice ningún daño, la "salud" del motor queda irremediablemente afectada en estos casos, acortándose su vida útil.

Las causas que producen sobreintensidad en un motor eléctrico pueden ser:

– Sobrecarga en su eje.
– Bloqueo total del eje.
– Asimetría en la red de alimentación.
– Falta de una fase en la red de alimentación.
– Pérdida de aislamiento en el bobinado por sobrecalentamientos acumulativos.
– Envejecimiento natural del bobinado.

En los casos comentados, el motor demandará de la red una corriente superior a la de diseño, o sea a la intensidad nominal del motor. La función del guardamotor es detectar ese consumo anormal desde la red y sacar al motor de servicio en el momento adecuado, para proteger el bobinado.

En cambio, los guardamotores no detectan los aumentos de temperatura que sean exteriores al calentamiento producido en los bobinados por exceso de corriente eléctrica o, entre otros, algunos de los siguientes motivos:

– Obstrucción del aire de ventilación en los conductos del motor.
– Falta de agua en bombas sumergibles.
– Influencia del calor en el medio ambiente.
– Sobretemperaturas provenientes de elementos cercanos al motor, como calderas, hornos, etc.

La norma internacional IEC 60947-4-1 especifica los tipos de curva de disparo de relés térmicos clase 10 y clase 5, informando los fabricantes la dependencia entre el tiempo de disparo y la corriente absorbida por el motor eléctrico.

Las características de los relés térmicos son del tipo de tiempo inverso; o sea que cuanto mayor sea la intensidad absorbida por el motor, más breve será el tiempo de disparo del relé térmico.

La calibración de intensidad para el "seteado", "el set-point" o "valor de consigna", se realiza en función de la intensidad nominal del motor, a partir del llamado *estado frío*, que es el primer arranque del motor.

Clase 10. Aplicable a arranques normales

La clase 10 establece un tiempo de disparo de entre 4 y 10 segundos para una intensidad de arranque de 7 veces la intensidad nominal del motor.

Para el caso de intensidades de 1,5 veces la intensidad nominal del motor en el momento del arranque, la temporización puede llegar a 4 minutos, en los que se ha contemplado un 50% más de consumo a causa de algún imprevisto operativo.

Clase 5. Aplicable a motores de arranque rápido y muy sensibles a cambios térmicos

Como no existen guardamotores con curva clase 5, en este caso la instalación debe efectuarse con relés térmicos + contactor.

La clase 5 establece un tiempo de disparo máximo de 5 segundos para una corriente 7 veces mayor a la nominal del motor y para que éste alcance su velocidad de régimen.

Componente magnético del guardamotor

La parte magnética tiene la finalidad de interrumpir la alimentación eléctrica al motor, cuando la intensidad eléctrica supera en 10 veces la intensidad nominal de arranque o el valor de corriente seteado.o "set-point" sugerido por el fabricante.

En general el valor seteado viene informado y calibrado de fábrica, y no está disponible para ser regulado por el usuario.

Esto hace necesario determinar la corriente de cortocircuito en el lugar donde vaya instalado el guardamotor, para evitar, además, que el guardamotor funcione fuera de servicio ante un cortocircuito.

La verificación de la corriente de cortocircuito es más importante para aquellos guardamotores que están seteados para corrientes superiores a 10 veces la intensidad nominal en el arranque del motor.

Los relés térmicos para cortar un circuito acompañan a los contactores. La ventaja del guardamotor es que es autónomo, agrupando en un elemento la actuación por sobrecarga y cortocircuito para sacar de servicio una instalación ante anormalidades de sobrecarga y cortocircuito.

Arranques pesados

Un arranque se considera pesado cuando los dispositivos estándar para la protección del motor, en servicio normal, disparan en el período de arranque, por ser éste muy largo.

Se considera arranque largo al que demanda un tiempo de 10 segundos para que el motor alcance su velocidad de régimen.

Este caso se presenta en bombas centrífugas y ventiladores de gran diámetro, con masa de rotación importante y con elevada velocidad (circulación por tuberías de aire acondicionado o aire de ventilación por conductos).

En este caso se deben utilizar relés especiales, de los denominados Clase 20 o Clase 30. Como una solución más sencilla puede estudiarse la implementación de un circuito que "puentee" el relé térmico en el arranque y lo conecte cuando el motor tomó la velocidad de régimen o nominal.

Actualmente se observa la tendencia a instalar el conjunto guardamotor + contactor para la protección y maniobra (en ese orden) de motores. En esta combinación el contactor es el que realiza la maniobra de arranque y parada, y el guardamotor tiene a su cargo la protección térmica ante sobrecargas y la protección magnética ante cortocircuitos.

La función térmica de los guardamotores es idéntica a la de los relés térmicos, ya que la curva de respuesta o característica de funcionamiento del guardamotor (dato suministrado por el fabricante) es idéntica, y como ya se dijo precedentemente, está clasificada por las Normas IEC 60947-4-1 como de Clase 10. Esta curva característica tiene validez para arranques normales, con tensión plena y carga nominal.

Para el caso de arranques pesados donde los motores tardan más de 10 segundos en arrancar, debe verificarse que los parámetros de intensidad y tiempo se ubiquen debajo de la curva característica del guardamotor; en caso contrario se producirá el disparo erróneamente, durante el arranque.

Para la correcta calibración o seteado de la función térmica del guardamotor, sólo se requiere tomar la intensidad del motor en el momento del arranque a plena carga (con pinza amperométrica) y seleccionar el valor de corriente en el dial del aparato; y de esta forma el conjunto ya estará listo para operar.

Respuesta magnética ante el cortocircuito

Por tener el guardamotor función de interruptor, debe verificarse que el nivel de corriente de cortocircuito donde el aparato va a estar instalado, no supere las prestaciones del mismo. Caso contrario y ante un cortocircuito, el aparato actuará, pero probablemente quedando fuera de servicio por haberse superado su capacidad para la respuesta magnética del cortocircuito producido.

Esta verificación es importante en los guardamotores para corrientes superiores a los 10 A, ya que para corrientes inferiores la alta impedancia propia del dispositivo los protege de cualquier nivel de cortocircuito.

Para el caso de que el nivel de cortocircuito estudiado supere la capacidad del guardamotor, puede optarse por instalar fusibles de respaldo o disponer de un limitador para ampliar la capacidad de corte ante un cortocircuito.

Capítulo V

VARIADORES DE VELOCIDAD PARA MOTORES DE CORRIENTE ALTERNADA

Arrancadores electrónicos

Los arrancadores suaves tienen en común con los convertidores de frecuencia el ser dispositivos electrónicos construidos con tiristores.

Con los arrancadores suaves o electrónicos se puede controlar la tensión que alimenta al motor desde la red, aumentándola en forma gradual, con lo cual se limita la intensidad del arranque. Esto significa que el motor se pone en marcha suavemente, reduciéndose al máximo los esfuerzos mecánicos sobre los cojinetes y las solicitaciones eléctricas sobre los componentes del sistema de arranque (sobreintensidades, sobrecalentamientos, fallas de fase, contactores, conexiones, contactos, cableado, etc.). No sólo el arranque es suave, sino que también lo es la detención del motor.

Se minimizan así las necesidades de mantenimiento y ajustes, haciéndose el equipo más confiable.

Considerando que el par motor es proporcional al cuadrado de la tensión, el motor conectado no podrá alcanzar el par máximo desde el comienzo. Por eso, el arrancador suave es más adecuado en aplicaciones de arranque fácil y ligero, como es el caso de motores para bombas, ventiladores y ascensores, entre otros.

Vemos entonces que las soluciones electromagnéticas han ido siendo desplazadas por nuevas técnicas que adoptan la electrónica.

En el caso de los denominados arrancadores electrónicos, han resultado ser también una solución más integral que los autotransformadores, porque entre otras ventajas aseguran un arranque suave y silencioso, con el consiguiente aumento de la vida útil de los componentes involucrados.

A manera de referencia, es oportuno informar que el arranque por autotransformador, en potencias grandes del orden de los 100 kW, es algo más económico que el arranque electrónico.

Esquema de conexiones eléctricas

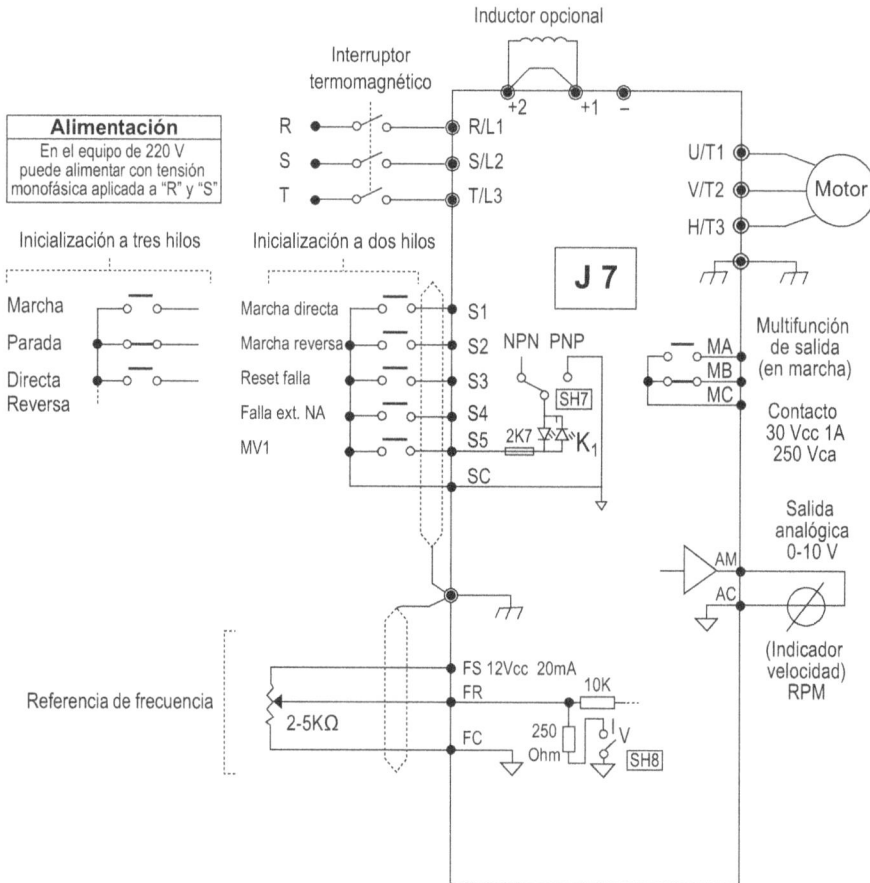

Fig. V-1.

La acción electromagnética del autotransformador y del sistema estrella-triángulo, es aportar el fenómeno inevitable de la conmutación de fases o por la operación de las resistencias estatóricas, conlleva la presencia de etapas bruscas y ruidosas que en algunos casos pueden producir daños al sistema mecánico o máquina a traccionar; entre otros, el desgaste prematuro de acoplamientos o, en casos extremos, fatiga y/o rotura de ejes y rulemanes, o rodamientos, o cojinetes, como consecuencia de esfuerzos e impactos realizados en el momento del arranque.

Esquema de conexiones eléctricas

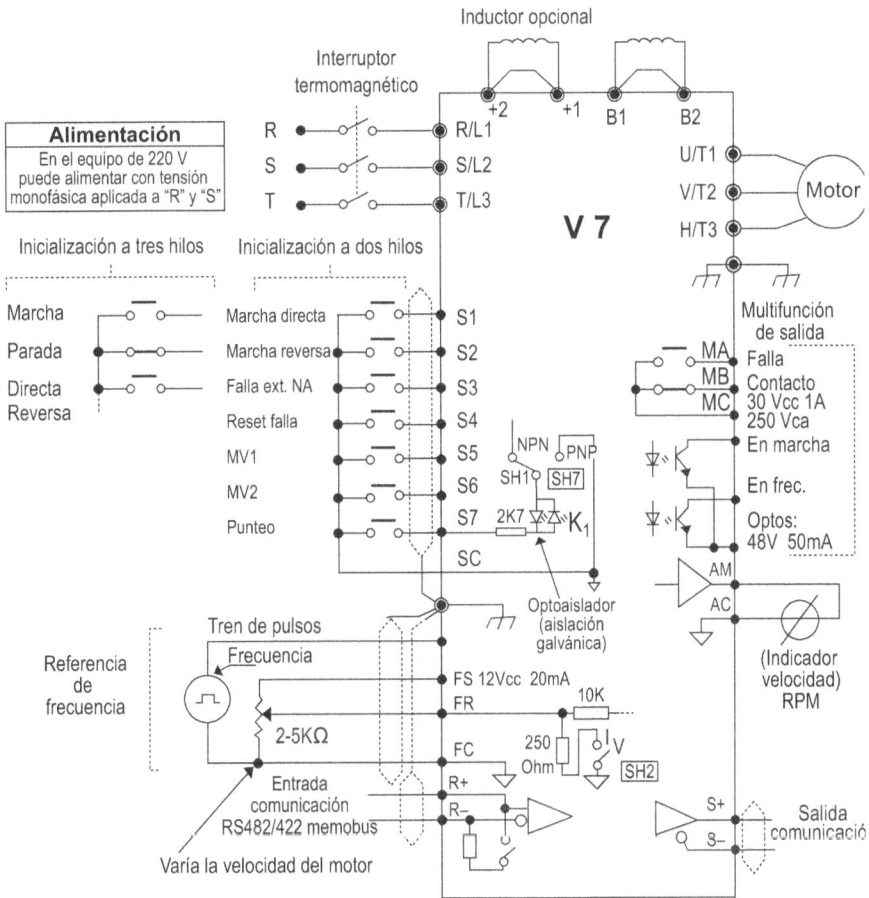

Fig. V-2.

El arranque electrónico es gradual y suave por su naturaleza constructiva. Esto conlleva un alargamiento de la vida útil de los componentes y partes mecánicas involucradas, con el consiguiente ahorro de repuestos y tiempos de parada por mantenimiento correctivo, predictivo o preventivo.

En los arranques electrónicos son suaves tanto el arranque como la detención y el frenado, aunados a una economía de energía eléctrica en servicio continuado.

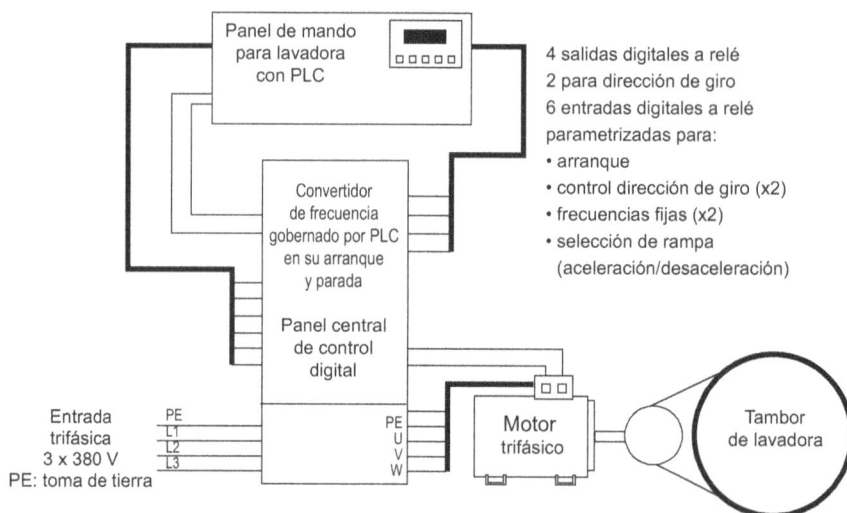

Fig. V-3.

El principio de fabricación es un convertidor estático alterna-alterna con la incorporación de tiristores que permiten el arranque del motor de corriente alterna con la aplicación progresiva de la tensión de línea, lo que impica una conveniente disminución de intensidad y par de arranque gradual.

Al iniciar el arranque, los tiristores permiten el ingreso de corriente que alimenta el motor conforme a su potencia, hasta ir alcanzando la tensión de servicio que demanda el circuito de maniobra o potencia.

El *cerebro* de estos arrancadores es un microprocesador que permite al operador programar una limitación de corriente de arranque dentro de valores de 0,5 a 6 In del motor, y actuando durante un tiempo no mayor a los 180 segundos.

Durante el servicio de estos tipos de arranque suaves y silenciosos, el microprocesador controla además el factor de potencia.

Teniendo en cuenta que el calor es un enemigo importante de los componentes electrónicos en lo que respecta a su operatividad y vida útil, la posición del montaje de los arrancadores electrónicos es en forma vertical sobre una superficie libre y lisa que permite una buena disipación de calor, normalmente por convección, y libre de polvo y suciedad, manteniendo además distancia respecto de otros equipos o aparatos que generen inducción magnética.

El instalador debe recabar del fabricante algunos datos esenciales para la correcta selección del arrancador electrónico a instalar, tales como:

- Tipo de carga a accionar.
- Tensión de servicio.
- Temperatura ambiente.
- Intensidad de servicio.
- Potencia trifásica del motor.
- Grado de protección ip.
- Peso adecuado del equipo para el lugar y condiciones físicas de la instalación.

Convertidores o variadores de frecuencia

Los **variadores de frecuencia** o **convertidores de frecuencia** han evolucionado en su tecnología para superar a los denominados **arrancadores suaves electrónicos**.

Independientemente de la frecuencia, el flujo magnético debe mantenerse constante para el par necesario. Es decir que, al ser el flujo constante, el par provisto para el motor, con independencia de la frecuencia, también lo será.

Los convertidores de frecuencia denominados arrancadores suaves electrónicos (Figs. V-6 y V-7), conforme al esquema eléctrico de instalación de la Fig. V-7, son dispositivos construidos con tiristores y han reemplazado a los motores de anillos rozantes y a los arrancadores estrella-triángulo (Fig. VII-1) y por autotransformador (Fig. VII-2).

La confiabilidad de estos elementos es alta, por no tener partes en movimiento, lo que implica reducidas intervenciones de mantenimiento.

Conforme se aprecia en los esquemas eléctricos, la tensión de red se toma a través de las fases L_1, L_2 y L_3. El filtro, el ondulador conformado por tiristores y diodo rectificadores, y las conexiones al motor, a través de sus bornes U, V, W (Figs. V-5, V-6 y V-7).

Estos aparatos se utilizan en la etapa del comando de potencia.

La velocidad de los motores asíncronos no está influenciada por las variaciones de tensión, pero sí es proporcional a la frecuencia de la corriente de alimentación de la red e inversamente proporcional al número o cantidad de polos que tiene el estator y conforme a la conocida fórmula **n = 60 f/p**.

Los arrancadores electrónicos suaves (Figs. V-5 y V-6) están compuestos por un rectificador, un circuito intermedio para eliminar interferencias y un modulador formado por tiristores y diodos.

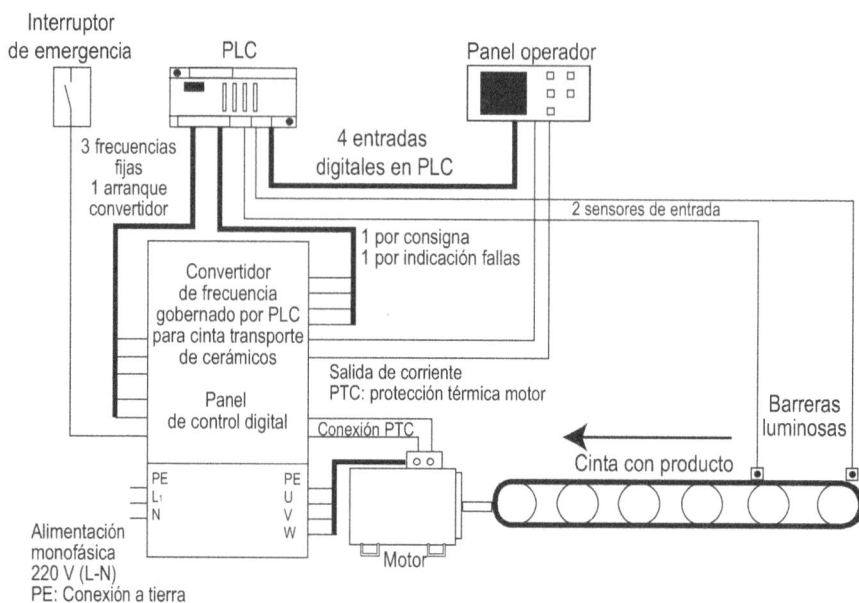

Fig. V-4.

La función del ondulador es convertir la corriente continua regulada proveniente del rectificador, en tensión alterna trifásica, pero con frecuencia variable.

Operativamente, la regulación de la velocidad se obtiene maniobrando un potenciómetro, y, además, mediante un selector se puede escoger el sentido de giro para el motor (Fig. V-8).

Constructivamente, el variador modifica automáticamente la tensión y la frecuencia, en función de la carga del motor, con lo cual se disminuye el calentamiento del motor en vacío y a baja velocidad, asegurando al mismo tiempo el aumento de la cupla o par cuando es necesario, en forma suave, desprovista de brusquedades que puedan afectar los cojinetes, ejes, acoplamientos, etc. La velocidad es prácticamente constante por la corrección de la frecuencia en función de la carga.

Elección del variador

Para la elección de un variador, el criterio a seguir es el siguiente:
1. Tipo de carga a maniobrar por el convertidor; ésta puede ser constante (por ej.: una hormigonera, una cinta transportadora, etc.), o bien variable ventiladores y bombas).

2. Tensión de entrada en voltios.
3. Intensidad nominal de salida del convertidor con cupla constante.
4. Intensidad nominal de salida del convertidor con cupla variable.
5. Potencia del motor.
6. Dimensiones del variador.
7. Si posee o no filtro contra interferencias.
8. Rangos de frecuencia de salida.
9. Peso del equipo a instalar.
10. Resolución de la frecuencia.
11. Factor de sobrecarga con cupla constante (tiempo de duración del mismo).
12. Frecuencia de entrada.
13. Temperatura ambiente para el trabajo.
14. Grado de protección IPL para variadores de velocidad.

Funciones operativas de los convertidores

1. Mantener una velocidad constante independientemente de la carga, fluctuaciones de la red y temperatura.
2. Puesta en marcha y aceleración progresiva y siguiendo una exigencia de producción determinada, para asegurar el manejo de productos frágiles.
3. Simplificar la operación de la máquina, al reducir o suprimir engranajes y/o acoplamientos reductores.
4. Aumentar la vida útil de la maquinaria productiva, al poder variar su velocidad conforme a las necesidades.
5. Disminución de tareas y costos de mantenimiento.

Entre las aplicaciones de los convertidores, podemos enumerar:

– Cintas transportadoras.
– Puentes grúas.
– Bombas.
– Ventiladores de gran masa y velocidad, etc.

Instalación mecánica

Los equipos convertidores deben instalarse alejados de:

– Agentes atmosféricos como lluvia, o calentamiento solar directo. La instalación debe permitir una adecuada ventilación natural del equipo.

- Vapores corrosivos, ambientes húmedos y/o polvorientos.
- Productores de partículas metálicas.
- Vibraciones.
- Temperaturas menores a –10 ºC y mayores a 40 ºC.
- Interferencias electromecánicas (campos magnéticos y eléctricos). Los equipos electrónicos generan interferencias de radiofrecuencia perjudiciales para el entorno eléctrico, por ello debe respetarse la eficiencia del borne de la puesta a tierra a la correspondiente jabalina con resistencia < a 10 Ω.
- Instalación eléctrica.

Además, no se deben instalar contactores ni interruptores entre los bornes del convertidor y el motor.

Los motores trifásicos

En la aplicación de los convertidores de frecuencia, la utilización de motores eléctricos trifásicos de inducción se encuentra ampliamente difundida debido a su construcción más simple y robusta, su menor tamaño y su menor necesidad de mantenimiento.

Como inconveniente, su modelo eléctrico es fuertemente alineal, multivariable y altamente acoplado, por lo que se torna operativamente complejo el control de velocidad que se pueda necesitar para un proceso industrial.

En este sentido, el control de la velocidad con motores de corriente continua con excitación magnética independiente resulta más sencillo, pues la independencia existente entre los bobinados de campo y la armadura permite controlar por separado las corrientes que genera el flujo de magnetización, por un lado, y la cupla del motor, por otro. Gobernando estas variables se tiene un control completo del motor accionado.

Control vectorial

Es un método (algoritmo electrónico) que permite regular la sobrecarga del par motor hasta un 200% de In, sin comprometer la respuesta transitoria necesaria para la velocidad del motor y accionando sobre el campo magnético del motor trifásico para que se mantenga constante para el par necesario en el eje del motor y con independencia de la frecuencia que incide sobre la velocidad.

Para entender el concepto de control vectorial tenemos que establecer una comparación con el flujo magnético del motor de corriente continua.

En efecto: en un motor de corriente continua, el campo magnético se genera en un circuito independiente y por lo tanto la intensidad del inducido (par) y la intensidad del inductor (flujo magnético) pueden controlarse independientemente y por ende el par en el eje del motor.

Por el contrario, en un motor de corriente alternada trifásico, tipo jaula de ardilla, la corriente de la red que circula por los bobinados del estator es, lógicamente, la que determina el flujo magnético que actuará sobre el rotor, y resulta así dificultoso controlar por separado la cupla motora o par y el flujo magnético, por la naturaleza constructiva del motor asincrónico.

En el motor de corriente alterna, el control de la magnitud de la corriente en el estator no permite realizar una regulación independiente del flujo que actúa sobre el rotor. Por ello, mediante algún mecanismo debe controlarse la magnitud y la fase correspondiente para obtener la cupla deseada en el rotor.

Un mecanismo electrónico denominado Encoder suministra al convertidor de frecuencia una información proporcional para cada posición del rotor.

En lugar del Encoder, otros fabricantes utilizan un microprocesador, con lo cual el par del motor se incrementa hasta 150% a 0,5 ciclos/segundo y hasta 200% a 2,5 ciclos por segundo, grandores particularmente adecuados para aplicaciones duras en trabajos de grúa y elevadores.

El Encoder es un dispositivo destinado a codificar señales o conjunto de señales de salida por cada señal de entrada (por ej.: E/S analógicas/digitales, o viceversa).

La técnica del denominado control vectorial consiste en extrapolar la técnica de control de flujo magnético de los motores de continua al ámbito de los motores de inducción. Con ayuda de la electrónica se ha conseguido el accionamiento de motores trifásicos de inducción, conforme lo resumido en las Figs. V-5 y V-6.

Un dispositivo denominado ondulador, permite la regulación del flujo magnético conforme a la cupla motora necesaria para un determinado proceso.

Conforme a la carga necesaria en el motor trifásico de inducción, el variador modifica automáticamente la tensión y la frecuencia. Con la corrección de la frecuencia, se obtiene la velocidad prácticamente constante en función de la carga del motor.

En la actualidad es posible obtener la variación de la velocidad de los motores trifásicos tipo jaula de ardilla, por sistemas electrónicos que varían la frecuencia, mediante los variadores de velocidad.

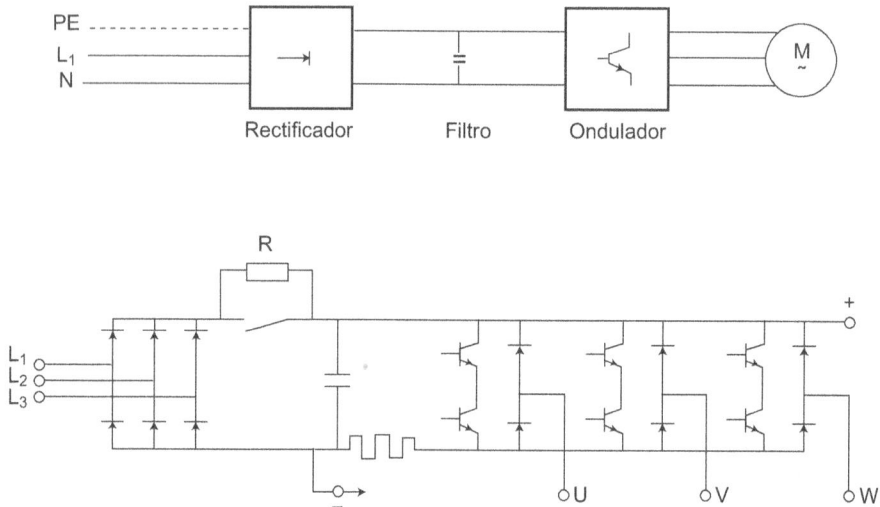

Fig. V-5. Arrancador suave (electrónico).

Aplicaciones de los variadores de velocidad

La selección de estos dispositivos depende de cada necesidad operativa; por eso es indispensable, definida la necesidad, consultar acerca de las características deseadas con el fabricante respectivo.

A manera de orientación, se indican algunas aplicaciones de estos elementos para obtener velocidades determinadas con motores trifásicos de inducción, variando la frecuencia de la tensión de alimentación:

- Puentes grúas.
- Máquinas etiquetadoras, cintas transportadoras, etc.
- Electrobombas.
- Ventiladores centrífugos.

En estas aplicaciones se requiere:

- Mantener una velocidad constante, con independencia de la carga, variaciones de tensión y de temperatura.

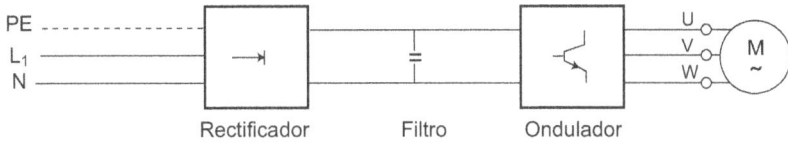

El ondulador convierte la tensión continua regulada proveniente del rectificador, en tensión algterna trifásica con la frecuencia variable. Los bornes (+ y -) no son operativos, sino que indican la rectificación para la tensión trifásica en los bornes UVW del motor eléctrico.

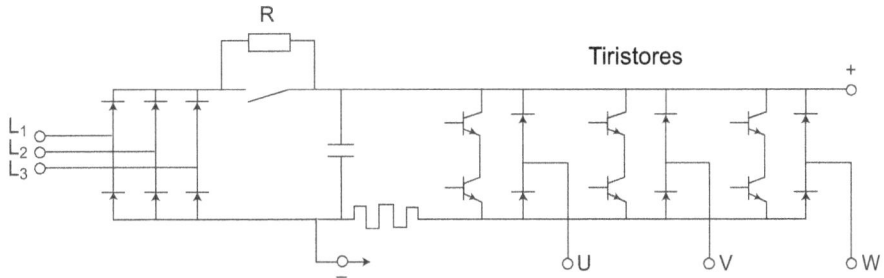

Fig. V-6. Arrancador suave (electrónico).

– Puesta en marcha y aceleración suave y progresiva en el procesamiento, manejo y posicionamiento de productos frágiles (cerámicos o azulejos, por ejemplo).
– Simplificación mecánica en cuanto a componentes de máquinas (por ejemplo, supresión de acoplamientos y engranajes que complican el mantenimiento).
– Variar la velocidad de rotación para mantener una velocidad lineal determinada (por ej.: cinta transportadora, etc.).

Criterios de selección

Cada aplicación industrial debe ser motivo de consulta con el proveedor (los variadores son dispositivos importados), y elegida en función del empleo operativo.

Así, tendremos que el uso puede ser para:

– 100% de In, sin posibilidad de sobrecarga.
– 100% de In, con posibilidad de trabajo al 150% de sobrecarga durante un minuto y repetición cada hora.
– 125% de In durante 2 horas y de 200% de sobrecarga durante 10 segundos.

A cada sobrecarga debe seguir el tiempo necesario para que el motor adquiera su temperatura de régimen.

Frenado regenerativo

Es un método efectivo de diseño electrónico que permite la parada controlada del motor, sin la necesidad de recurrir a las resistencias de frenado, aplicable en la operación o manejo de cargas con gran inercia en movimientos verticales.

El convertidor realiza esto aplicándole una cantidad controlada de corriente continua en el devanado del motor eléctrico durante el período de frenado.

Para esta técnica, los fabricantes ofrecen un software para lograr:

– Disipación de calor en forma externa.
– Excelente par de frenado.
– Reducción lineal de la velocidad de rotación en forma suave y controlada.

Aplicaciones comunes de convertidores de frecuencia

El ejemplo de la Fig. V-3 ilustra sobre el uso de un convertidor de frecuencia gobernado por PLC para la operación de una lavadora industrial, donde se necesita un par a baja velocidad y una muy alta velocidad de giro en el centrifugado.

La lavadora industrial presenta el problema de fuerte cupla o par de arranque a baja velocidad, y alta velocidad de giro en el centrifugado.

El adecuado convertidor de frecuencia permite suaves rotaciones del tambor o bombo bajo todas las condiciones de carga.

Una velocidad usual en el comienzo del lavado puede ser de 5 Hz, y durante el centrifugado de 150 Hz.

Como puede verse en la Fig. V-3, el convertidor es controlado a través de entradas digitales (valores de frecuencia), las cuales se parametrizan para arrancar la lavadora, controlar el sentido de giro y selección de rampas (características) par aceleración/desaceleración.

Se pueden seleccionar así dos tiempos distintos de aceleración/desaceleración, uno para lavado y otro para centrifugado.

Las salidas a relé del convertidor, están configuradas por el fabricante del convertidor para ser activadas cuando se alcanza la consigna de frecuencia y cuando se detecta una falla.

Puede incorporarse al motor una PTC como protección al motor al alcanzar temperatura de trabajo elevada. La finalidad del dispositivo PTC es proteger al motor ante una falla por alta temperatura en los bobinados.

La Fig. V-4 ilustra sobre otra aplicación de convertidor de frecuencia o variador de velocidad arrancado y parado por un PLC.

El ejemplo considera cuatro entradas digitales, que podrían ser cuatro valores de frecuencia aptas para velocidades del motor eléctrico trifásico que acciona la cinta transportadora de un producto (por ej.: cerámicos).

La función de los terminales de entrada al convertidor se programa mediante los correspondiente parámetros indicados por el fabricante y de acuerdo al efecto o consigna deseado para cada una de las funciones de entrada.

Una de las funciones de entrada se emplea para selección de rampa. Esta configuración permite al sistema ser usado para distintos tipos de producto con mayores frecuencias (y consiguientes velocidades del motor) y rampas más cortas de aceleración/desaceleración según el tamaño y peso del producto procesado.

El usuario selecciona el tipo de producto en el Panel de Usuario que comunica la información al PLC a través, en este caso, de cuatro entradas digitales (frecuencias).

Las dos salidas digitales del PLC se utilizan para información adicional.(por ejemplo conexión de interfaces)-

El panel de usuario u operador digital, sirve también para controlar y visualizar el proceso de producción.

Las salidas a relé del convertidor se conectan al PLC e indican que las frecuencias de salida para el motor eléctrico se han alcanzado.

Pueden existir salidas analógicas que se programan o parametrizan, se conectan directamente al panel de control y se usan para controlar la intensidad de corriente consumida por el motor.

Si la intensidad absorbida por el motor es demasiado elevada, indica una posible falla en los cojinetes del motor o que los canales de ventilación de los bobinados están obstruidos por suciedad, lo que hará necesario el correspondiente mantenimiento.

Un interruptor de emergencia está conectado a una entrada digital del convertidor que permite al operador detener rápidamente la marcha de éste y sin necesidad de actuar sobre el ITM de alimentación de red.

Las entradas y salidas del convertidor son seleccionadas conforme a las necesidades operativas, que deben ser consultadas con el proveedor o fabricante del convertidor de frecuencia.

Por último, se observan las fases de salida U, V, W y Tierra (PE) correspondientes al motor eléctrico conforme a normas operativas y de seguridad eléctrica.

Recomendaciones para la instalación

Los conductores de control deben instalarse alejados de los cables de potencia, por la inducción electromagnética. En general, los fabricantes aconsejan no superar los 10 metros de tendido de cable entre el motor y el variador.

Es por esoo que se deben utilizar cables blindados con la malla puesta a tierra o bien cables retorcidos para neutralizar los campos magnéticos producidos por las corrientes de circulación.

Es conveniente que los cables de potencia se encuentren alejados de redes informáticas, radiofrecuencias o señales de televisión que puedan producir armónicas como frecuencias indeseables para la operatividad del convertidor.

Los fabricantes, a través de los representantes o proveedores, entregan manuales de instrucciones de cada modelo, que describen sus características y funciones.

Estos manuales informan los cuidados para la instalación y puesta en servicio, como así también recomendaciones operativas y sobre todo de seguridad eléctrica para la instalación del aparato.

En las Figs. V-1 y V-2 se muestran **esquemas de conexiones eléctricas** para dos tipos de variadores de velocidad, que han superado en tecnología a los arrancadores suaves electrónicos y que pasamos a tratar de explicar.

Esquemas eléctricos específicos

Se trata de los modernos variadores de velocidad J7 (Fig. V-1) y V7 (Fig. V-2), marca Yakasawa, de procedencia japonesa, que son gobernados por PLC.

Para la conexión del variador se observan las indicaciones en el esquema de conexiones eléctricas y atendiendo al siguiente orden:

Alimentación. La conexión a la red se hace a través de un ITM trifásico en las fases L_1, L_2 y L_3 (antes R, S, T).

Inductor. Normalmente no se utiliza. En su lugar ya viene instalado un puente.

L_1; L_2; L_3 (3 x 380 V)

F_1 Fusibles NH

C_1 Contactor de red

F_2 Relés térmicos

F_3 Fusibles para semiconductores

A   Arrancador electrónico

M   Motor

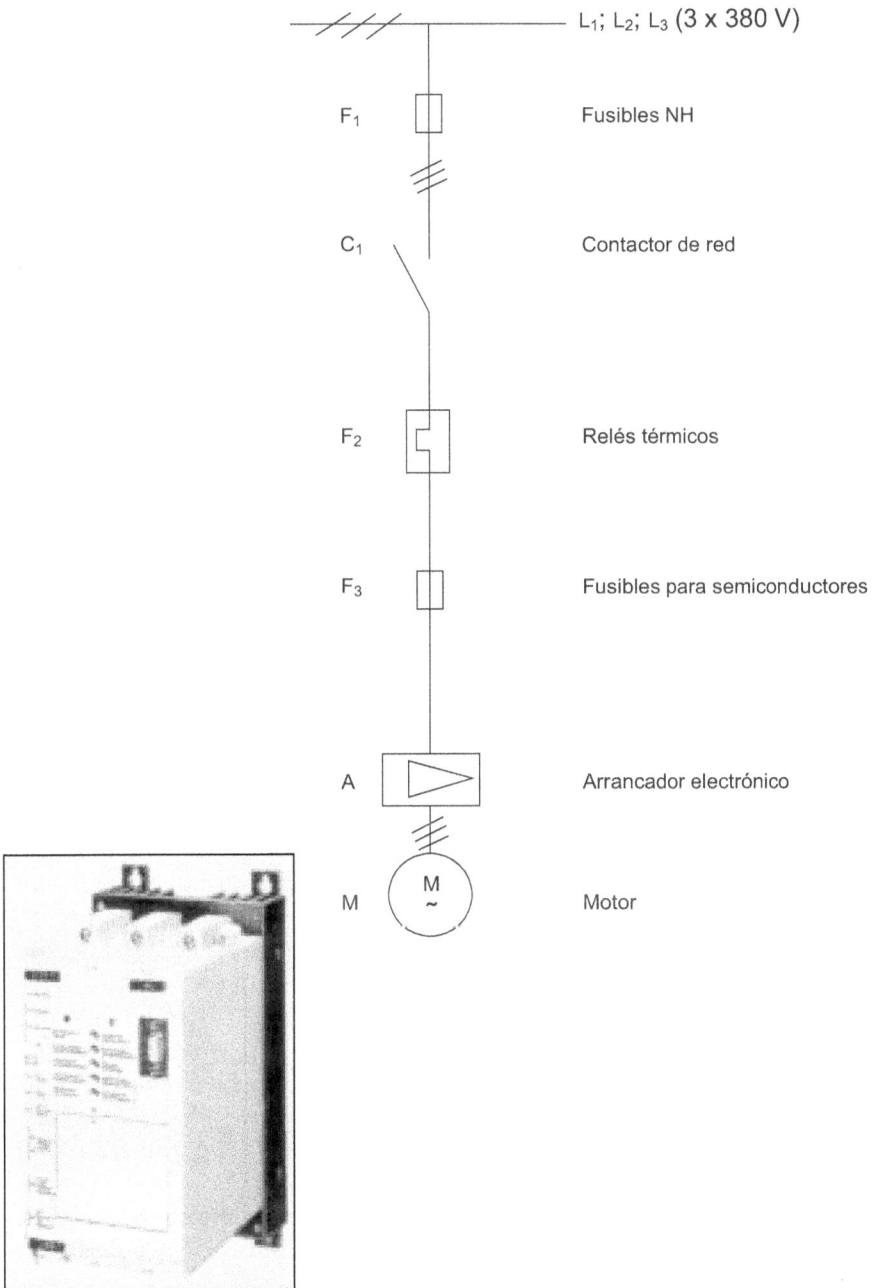

Fig. V-7. Esquema eléctrico para arrancador electrónico.

Resistencia de frenado. Es un componente opcional a conectar en la bornera del variador de velocidad. La función que cumple es la de disipar la energía de frenado dinámico del motor.

La resistencia de frenado es un componente opcional, ya que sólo es necesaria en aplicaciones donde se requieren pares de frenado importantes por su momento de inercia.

Los fabricantes disponen, en las borneras del variador, los contactos para su conexión. Por razones de disipación de calor esta resistencia se instala fuera del gabinete del variador.

La potencia que debe disipar la resistencia depende de la utilización del motor eléctrico. El valor ohmico de la resistencia viene informado por el fabricante y no puede ser modificado.

Con relación al gabinete metálico donde se ubica el variador, cada fabricante hace las recomendaciones operativas pertinentes (puesta a tierra del gabinete, perturbaciones electromagnéticas, ventilación, etc.), así como también las adecuadas para la seguridad de las personas.

Ventilación. La disipación del calor generado es fundamental para la vida útil del variador, pues la durabilidad de los componentes electrónicos (tiristores, capacitares, etc) depende de la adecuada disipación de calor del gabinete. Esta ventilación puede ser natural por convección o bien forzada con ayuda de ventiladores.

Puesta a tierra. La puesta a tierra tipo jabalina debe tener una resistencia menor a los 10Ω y conexiones de baja impedancia.

Se deben conectar a tierra las masas metálicas de la instalación, como así también las carcasas de los motores eléctricos, conforme a las indicaciones de cada fabricante, y de tal manera que el valor de la resistencia a tierra asegure una tensión de contacto que no supere los 24 V en forma permanente.

Entradas multifunción. Conforme al análisis y estudio de la aplicación que se va a dar al variador, se determinan las entradas a conectar, de acuerdo con la función que han de cumplir.

Para ello el fabricante explica las funciones de los parámetros y su programación en una tabla específica.

Los contactos de entrada pueden ser pulsadores digitales o señales analógicas de corriente, entradas a relé, a transistores NPN o PNP conforme a la naturaleza de gobierno que va a cumplir el PLC.

Selección para el modo de funcionamiento del variador

Señal analógica de corriente de 4 a 20 mA, para seleccionar la frecuencia reutilización para la velocidad y par necesarios. Para ello el fabricante indica cómo hacer para seleccionar la función entrada de referencia como valor 4-20 mA ó 0-20 mA (señal analógica de corriente). La señal puede ser analógica de tensión (0-10 V.)

Entrada desde transistor PNP (la tensión común 24 Vcc respecto a tierra, se considera como tensión de seguridad en ambientes secos y húmedos).

El variador viene preparado para poder operar con transistores PNP, para lo cual el fabricante indica cómo deben ser conectados los **emisores**, utilizando una fuente de 24 Vcc con el positivo conectado a los emisores de los transistores de control y el negativo al terminal de masa correspondiente (para el caso de los convertidores tipo J7 Yaskawa, al terminal SC).

Explicación de los parámetros

La programación depende de si el consumo del variador se hace a dos hilos (o sea, la marcha se realiza mientras un contacto permanece cerrado), o a tres hilos (pulsadores de marcha y parada). Al elegir el modo de comando, retornan los parámetros al valor inicial de fábrica.

Al ingresar cualquiera de estos dos valores, luego de presionar Enter, el display mostrará 1.

Un parámetro corresponde a "Selección de Modo de Control", que puede ser: Control V/F (velocidad en función de la frecuencia) o Control Vectorial.

La opción de control V/F permite una puesta en marcha más sencilla que con control vectorial.

El control vectorial se utiliza para aplicaciones que requieren mucha precisión en la velocidad.

Los comandos vienen gobernados por teclas que orientan al operador en cuanto a marcha, parada, sentido de giro, etc.

Entradas multifunción. En el esquema, las entradas están indicadas como S1 a S7 y se programan mediante los parámetros indicados por el fabricante en el manual de instrucciones.

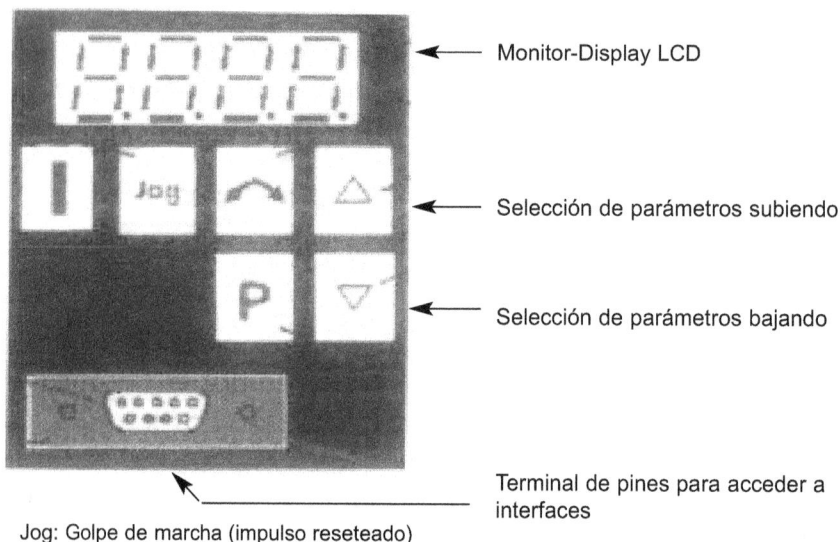

Fig. V-8. Panel de control estándar.
Operador digital

Salidas multifunción. La función salida por relé (CMA, MB, MC) y los optotransistores P!C y P"C igualmente se programan con los parámetros indicados en el manual de instrucciones.

Inyección de corriente continua para frenado. El frenado por corriente continua al arranque, es útil cuando existe la posibilidad de que en el momento de la puesta en marcha del variador, el motor se encuentre girando, lo que originaría una sobrecarga. Con la aplicación del frenado el motor se detiene antes de que el variador comience a aumentar la frecuencia de salida.

Especificaciones generales El fabricante, conforme a la utilización de motor monofásico (220 V) o trifásico (380 V) con +/- 5% de tensión, da una gama de potencias disponibles, indicando no sólo la capacidad en kVA sino también los correspondientes valores de sobreintensidad.

Las frecuencias máximas de salida programables se ubican en 400 Hz para una frecuencia de 50 Hz.

Características de control. El rango de frecuencias va desde 0,1 Hz hasta 400 Hz. La sobrecarga admisible es 150% de la In del motor.

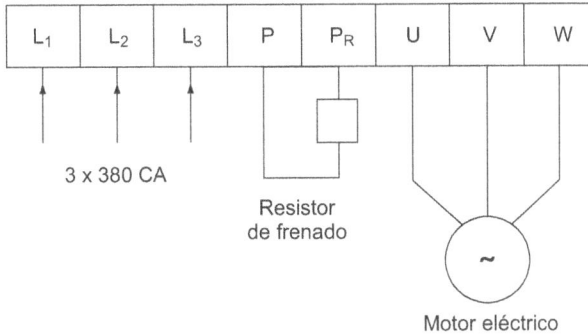

Fig. V-9. Bornera de variador.

El variador modifica automáticamente la tensión y la frecuencia, para tener en cuenta la carga del motor, con lo cual se disminuye el calentamiento del motor en vacío y a baja velocidad, asegurnado al mismo tiempo un sobrepar importante si es necesario. La velocidad es prácticamente constante por la corrección de la frecuencia en función de la carga.

Alimentación monofásica

Motores estándar de 220/380 V se conectan en triángulo

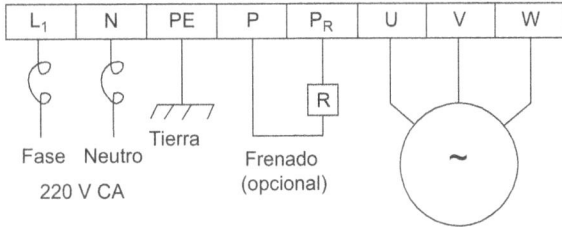

Un variador monofásico permite utilizar la variación de velocidad en motores asincrónicos trifásicos mediante el uso de una red monofásica.

El variador de velocidad se alimenta mediante una red monofásica en 220 V y genera 3 x 220 V a la salida.

El motor para alimentación 220/380 V debe ser conectado en triángulo para su correcto funcionamiento.

Los variadores monofásicos se presentan usualmente desde 0,25 HP hasta 3 HP con motores que pueden alimentarse en 20/380 V.

Bornera de variador

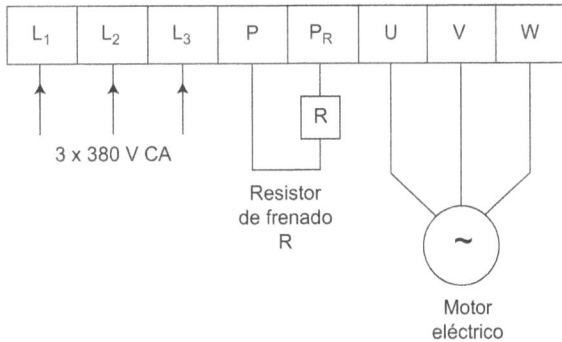

Fig. V-10.

La función velocidad en función de la frecuencia (rampa V/F) puede ser programada conforme a los parámetros informados por el fabricante para cada valor de velocidad necesario en el proceso de producción.

Protecciones. Son integrales para la salud del motor (PTC, etc.).

Entradas y salidas multifunción. Los módulos son compatibles con el PLC adecuado.

Mantenimiento preventivo. Los variadores de velocidad, como la mayoría de los equipos y máquinas, funcionan en tiempo y forma si se respetan la limpieza y los adecuados niveles de temperatura y humedad.

Debe monitorearse periódicamente el estado de las conexiones eléctricas (aflojamientos, desecamiento de aislaciones termoplásticas, bornes, conexiones, etc.) que por funcionamiento anormal denotan cambios de coloración del metal conductor o su aislamiento por sobrecargas y/o envejecimientos.

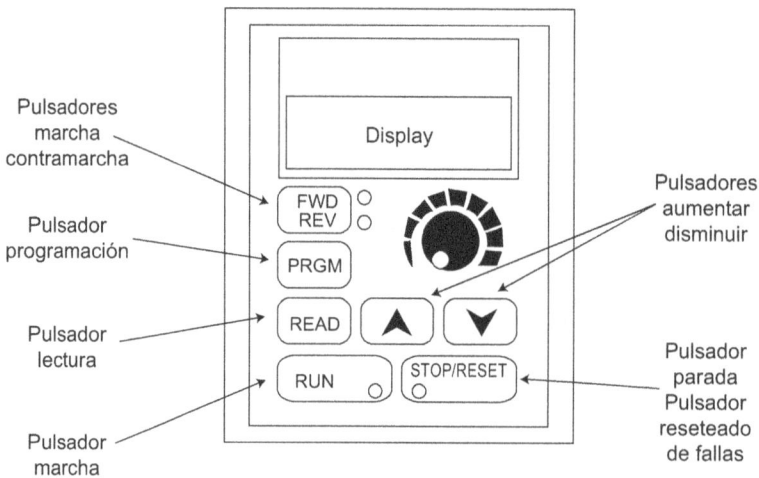

La regulación de la velocidad se obtiene mediante el giro de un potenciómetro. Además, mediante un selector, se puede escoger el sentido de giro.

Fig. V-11. Panel de operación.

Plan orientativo de mantenimiento

Componente	Inspección	Acción
Terminales, conectores, etc.	Tornillos flojos	Ajustar con torque adecuado
Verificación de ventilación	Acumulación de polvo, suciedad	Sopleteado con aire o nitrógeno comprimido con presión 4 ó 6 kg/cm^2
Placas de circuito impreso	Acumulación de polvo o grasitud	Sopleteado con aire o nitrogeno comprimido bien seco, a 4 ó 6 kg/cm^2
Ventiladores	Ruidos anormales, vibraciones. Ventiladores con un tiempo acumulado de trabajo mayor o igual a 20.000 hs.	Reemplazar el ventilador
Elementos de potencia	Acumulado de polvo o suciedad	Sopleteo con nitrógeno o aire comprimido a 4 ó 6 kg/cm^2
Condensador de carga	Decoloración, deformación, goteo de placas	Reemplazar el condensador

Algunas otras recomendaciones:

Componente	Tiempo de instalación	Recomendación
Ventilador	2 a 3 años	Reemplazo por nuevo
Condensador de carga	5 años	Reemplazo por nuevo
Relés	-	Decidir conforme a inspección
Fusibles	10 años	Reemplazo por nuevos

Fig. V-12. Arrancador suave.

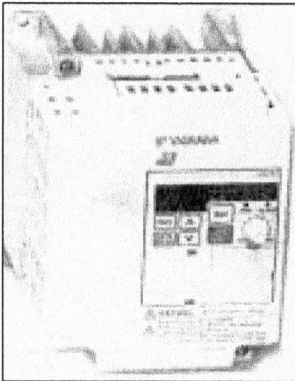

Fig. V-13. Convertidores de frecuencia o variadores de velocidad

Recomendaciones para la instalación

Los conductores de control (señales) deben instalarse alejados de los conductores de potencia. Se recomienda una separación no inferior a 300 mm. Una alternativa recomendable es pasar los cables de control (señales) y de potencia por caños diferentes, y en caso de ser caños metálicos, conectarlos a tierra para eliminar interferencias (armónicas, etc.) que distorsionan y perturban la señal de mando.

Si no se dispone de cable blindado, se deben trenzar los cables de mando para neutralizar los campos eléctricos y magnéticos.

De acuerdo con el tipo y modelo de variador, el fabricante aconseja la elección del ITM y la sección adecuada de cables o conductores para la alimentación monofásica o trifásica del motor eléctrico.

– Se recomienda el empleo de cables con blindaje (corrientes de fuga y sobretensiones transitorias).

– La sección de los cables a los bornes de comando o control, no debe exceder la sección de 1,5 mm^2.

– La conexión a tierra del terminal del convertidor y de la carcasa del motor deben ser estrictamente respetados. Para el caso de 400 V, la conexión a tierra debe ser menor a 10 ohmios, y para 220 V, 100 ohmios o menos.

– Es imprescindible la instalación de un ITM para la alimentación del equipo.

– No deben instalarse entre el variador y el motor seccionadores y/o contactores que puedan activarse con el equipo en marcha.

– No conectar capacitores para corregir el factor de potencia a la salida del variador.

– Los tornillos deben apretarse con un torque o cupla conforme indicación del fabricante, para evitar ser "degollados".

– Normalmente no se utilizan todas las conexiones o elementos indicados en los esquemas eléctricos de las figuras V-1 y V-2.

Capítulo VI

CONCEPTOS DE ELECTRÓNICA

La electrónica es la ciencia o tecnología que estudia los fenómenos de conducción eléctrica en el vacío, en los gases y en los semiconductores, como así también la utilización de dispositivos basados en dichos fenómenos.

El semiconductor es un cuerpo sólido cuya resistividad está comprendida entre la de los conductores (metales) y la de los aislantes (también llamados metaloides).

Los semiconductores

Los semiconductores son óxidos en los cuales la conducción es electrónica y donde la conducción de electrones aumenta con la temperatura, dentro de ciertos límites de ésta. Es decir que, al contrario de lo que ocurre con los metales (por ejemplo, cobre y aluminio), la resistividad disminuye con la temperatura. La resistividad de los semiconductores se ve afectada también por la luz, los campos eléctricos, los campos magnéticos y muy especialmente por la incorporación de ciertas impurezas en cantidades ínfimas.

Según las impurezas presentes, la conducción eléctrica se efectúa: a) por movimiento de electrones (cargas negativas), cuando hay exceso de ellos (conducción tipo N), o b) por traslado de huecos o agujeros (cargas positivas ficticias), cuando hay defecto de electrones (conducción tipo P).

Con frecuencia existen ambas clases de portadores de carga en un mismo semiconductor y en consecuencia ambos mecanismos de conducción, que podríamos simplificar llamándolos: de electrones (N) y de protones (P).

Los llamados "huecos" son ausencia de electrones, con lo que se favorece la circulación de protones que se comportan como cargas positivas.

Se distinguen semiconductores de estado sólido (transistores, diodos, termistores, fotocélulas, etc.) y semiconductores conformados o fabricados como circuitos integrados.

Se denomina circuito integrado a un dispositivo de pequeñísimas dimensiones (como un grano de arroz, o menor), capaz de efectuar una función completa y fabricado con un conjunto de elementos activos y/o pasivos integrados en un pequeño trozo de material, determinado por cada fabricante conforme a sus investigaciones.

En la actualidad, prácticamente el único semiconductor que se emplea es el de silicio, ya que ha desplazado casi totalmente al germanio, por resistir mayores temperaturas.

En la fabricación de semiconductores se agregan otras impurezas que pueden ser boro, galio o indio.

El comportamiento del silicio con impurezas y la incorporación de temperatura, hace que se obtengan semiconductores tipo P y semiconductores tipo N.

Al unir semiconductores tipo P con semiconductores tipo N ocurren fenómenos interesantes para las aplicaciones en circuitos electrónicos,

Color	Diseño	Unidades	Multiplicador	Tolerancia
Negro	0	0	1	
Marrón	1	1	10	1%
Rojo	2	2	100	2%
Naranja	3	3	1.000	
Amarillo	4	4	10.000	
Verde	5	5	100.000	
Azul	6	6	1.000.000	
Violeta	7	7	10.000.000	
Gris	8	8	100.000.000	
Blanco	9	9	1.000.000.000	
Oro			0,1	5%
Plata			0,01	10%
Sin color				20%

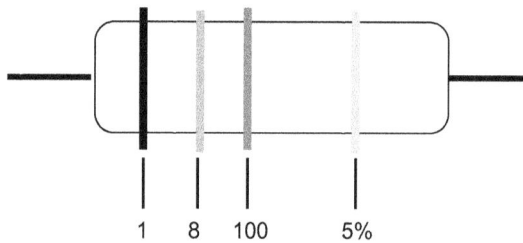

1   8   100   5%

Distrbución de colores en una resistencia fija

Fig. VI-1. Resistencias fijas.

tales como que el cristal N queda cargado positivamente (ausencia de electrones y mayoría de protones) y el cristal P, negativamente (preponderancia de cargas negativas o electrones).

Además ocurre que en la unión PN existe o aparece un potencial que hay que vencer cuando se aplica una tensión eléctrica.

Polarizar una unión PN es aplicarle tensión de carácter negativo o positivo.

Al potencial de la unión o juntura se lo denomina barrera de potencial.

El diodo

El diodo es un componente electrónico que deja pasar la corriente en un sentido y no la deja pasar en el otro; además, se fabrica con dos terminales.

En la Fig. VI-3 el signo + indica el sentido en que la corriente ingresa al diodo, en forma consecuente con el símbolo que se le da al diodo. Conforme a esto, la unión PN es un diodo.

Polarización del diodo

Para polarizar en directo un diodo habrá que conectar la fuente de alimentación o batería en forma tal que la corriente I circule en la dirección que indica el diodo (Fig. VI-3). La polarización inversa se efectuaría conectando la fuente de alimentación o batería en sentido opuesto.

Cuando se polariza un diodo, se debe colocar una resistencia limitadora, pero sólo en el caso de la polarización directa. Si se coloca el diodo sin resistencia y de acuerdo a la tensión de la batería, la intensidad que circula por el diodo será muy alta y éste podría destruirse.

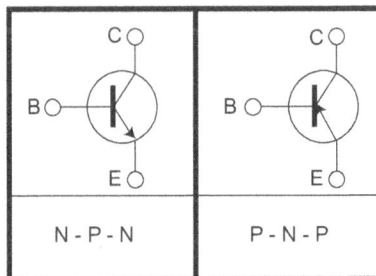

Fig. VI-2. Símbolos del transistor.

Esquema del diodo

Símbolos de diodos especiales

| Fotodiodo | LED | Varicap | | Zéner |

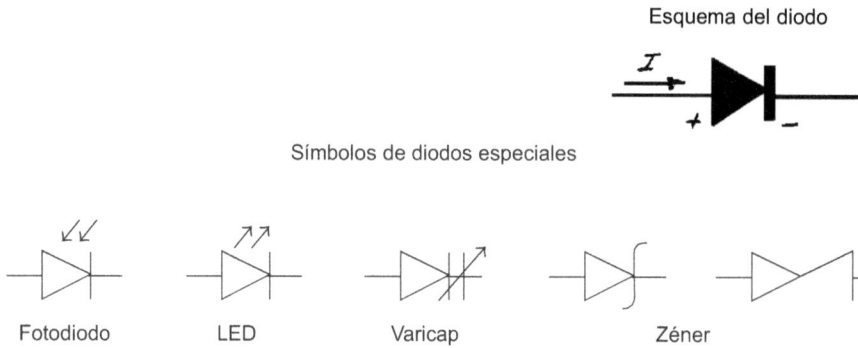

Fig. VI-3. Símbolos de diodos especiales

Tipos de diodos (Fig. VI-3)

Dentro de la tecnología de los diodos semiconductores de unión, se han desarrollado diodos característicos especiales, cada uno de los cuales está destinado a una aplicación concreta.

Precedentemente se ha explicado en qué consiste el diodo semiconductor normal, que es el que se utiliza en la mayoría de los casos.

Entre los diodos especiales, se pueden citar los siguientes:

- Fotodiodo: sólo conduce cuando incide sobre él luz, no necesariamente visible.
- Diodo luminiscente: cuando circula corriente directa por él, se ilumina. Se lo conoce como LED (*light electrode diode*).
- Diodo Varicap o Varactor: diodo con gran capacidad que puede variar con la tensión. Se utiliza para sintonizar y sustituye al condensador variable.
- Diodo Zener: puede trabajar en la zona de ruptura sin perforarse. En este caso el proceso es reversible. Por su constitución trabaja siempre en inverso. Este diodo merece un estudio especial. Por su particularidad se lo utiliza como regulador de tensión o estabilizador. Por ejemplo, con este tipo de diodo podemos estabilizar la tensión de salida de un determinado dispositivo, como ser una fuente de alimentación (Fig. VI-10).

Circuitos con diodos

Todos los circuitos electrónicos trabajan con corriente continua; la tensión puede tener diferentes procedencias, pero si proviene de la red,

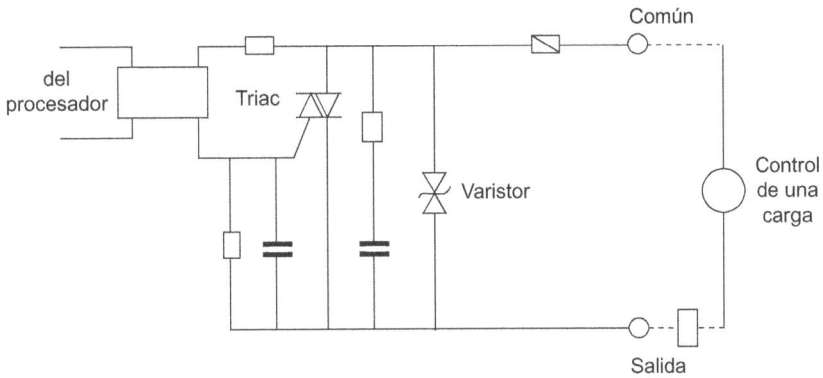

Varistor: protege al PLC contra tensiones

Opto transistor

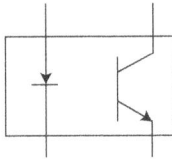

Fig. VI-4. Salida de un PLC a triac.

antes deberá pasar por un circuito rectificador, a fin de convertir la corriente alterna en corriente continua.

Como la corriente monofásica de red es de 220 voltios, es necesario reducir ese valor para que se compatibilice con la tensión del circuito electrónico (5 V, 6 V, 10 V, etc.), y a continuación rectificarla. La incorporación de un condensador (filtro) se encarga de eliminar los semiciclos negativos, o sea las oscilaciones, y el estabilizador se ocupa de regular la tensión hasta alcanzar el valor deseado para la alimentación del circuito.

Rectificador de media onda

Para la rectificación en media onda lo único que se necesita es el diodo y a continuación el circuito.

El diodo se polariza en directo y deja pasar la corriente durante el semiciclo positivo. Durante el semiciclo negativo, el diodo se polariza en inverso y no deja pasar la corriente. La consecuencia es que sólo hay semiciclos positivos.

Componente defectuoso	Causa de la avería	Efecto observado
Transistor	Cortocircuito	Las tensiones en los tres terminales son iguales
	Abierto	Ausencia de tensión de colector
Condensador	Cortocircuito	Si está en serie con la señal, puede ocasionar distorsión Si está en paralelo con la señal, impide su paso
	Abierto	Si está en serie con la señal, impide su paso Si está en paralelo, no puede dar avería notable
Resistencia	Abierta	Tensiones incorrectas. Si está en serie con la señal, impide su paso
Bobina	Abierta	Ausencia de oscilaciones. Ausencia de tensión en colector Puede ocasionar distorsiones
Diodo	Cortocircuito o abierto	Ausencia de señal. Distorsión
Transformador	Abierto	Impide el paso de señal. Ausencia de tensión en colector y/o base

Fig. VI-5.

Rectificador de doble onda con trafo de toma intermedia (Fig. VI-6)

El transformador (trafo) utilizado es de los denominados simétricos. Posee dos salidas de la misma tensión y una tercera que generalmente va a masa (chasis) conforme al montaje que ilustra la Figura VI-6.

El diodo superior deja pasar la corriente y el inferior no. Por el contrario, durante el semiciclo inferior o negativo, el diodo de abajo deja pasar la corriente, pero el de arriba no.

Teoría de los fitros

El filtro es el encargado de convertir la señal rectificada en una señal lo más "aplanada" posible. Si a cualquier rectificador le adicionamos un capacitor o condensador conectado en paralelo o derivación, ya habremos formado un filtro.

La misión de un condensador es mantener la tensión en el circuito, cuando disminuye en el rectificador. Recordemos que el capacitor almacena corriente (electrones) en una placa durante el semiciclo positivo

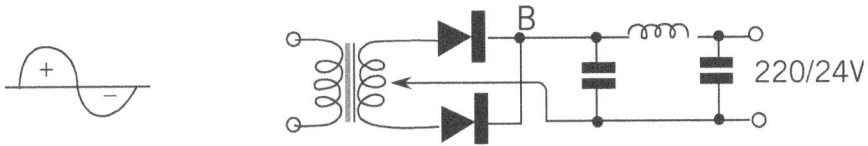

(+): pulso superior de la sinusoide. (-): Pulso inferior de la sinusoide.

Circuito rectificador de onda completa en una fuente de alimentación.

Nota 1: En la mitad de la onda (sinusoide) de C.A., conduce el diod superior. En la otra mitad conduce el diodo inferior.
La toma en el punto medio del secundario anula los flujos magnéticos producidos por el transformador.

Nota 2: Cuando el pulsor llega a B, algunos electrones pasan por la bobina y otros cargan el capacitor.
Cuando el pulso termina, el capacitor devuelve su carga y como los electrones no pueden retroceder por el diodo (porque éste conduce en un solo sentido), deben pasar por la bobina (inductor).
El capacitor tarda un tiempo mayor en descargar que en cargar sus electrones. Los fabricantes de fuentes de alimentación eligen un capacitor de capacidad tal que sólo esté parcialmente descargando cuando se inicia el pulso siguiente. Como resultado, en lugar de tener una serie de pulsos, se obtiene sólo una ondulación de la tensión de salida 12 Vcc filtrada.En aplicaciones industriales los 24Vcc se están convirtiendo en la tensión de alimentación por excelencia.

Fig. VI-6. Fuente de alimentación.
Componentes genéricos de un rectificador de corriente

(alternancia de fase a neutro), y la descarga durante el semiciclo negativo (alternancia de neutro a fase). Técnicamente podemos imaginar –y así sucede– que "entretiene" la corriente alternada o sea deja "pasar" la corriente alternada, pero no la corriente continua, porque al tener ésta sólo una dirección (de negativo a positivo), una vez que la placa del condensador queda saturada de electrones, la circulación hacia la otra placa queda detenida. Por eso se dice que el capacitor no deja "pasar" la corriente continua, porque la almacena en una de sus placas.

En resumen, entonces, el condensador se carga en una de sus plazas durante el semiciclo positivo de la corriente alternada, y se descarga durante el semiciclo negativo hacia la otra placa, con lo cual la corriente alterna se "entretiene" entre ambas placas.

Cuanta más capacidad tenga en condensador, mejor será la rectificación, pero mayor será el almacenamiento de electrones en cada placa (pico de carga), pudiendo en la descarga (semiciclos negativos hacia la otra placa del condensador) deteriorar los diodos.

La forma de la señal de salida de un condensador se puede observar en el osciloscopio.

Teorema de Fourier

Los filtros son circuitos destinados a separar señales de distinta frecuencia.

El teorema de Fourier establece que toda señal periódica puede descomponerse en la suma de una señal continua más infinitas señales u ondas sinusoidales de frecuencia creciente y amplitud decreciente.

La primera de estas señales u ondas tiene la mima frecuencia que la señal original y se denomina **fundamental**; el resto de las frecuencias son múltiplos de la fundamental y se denominan **frecuencias armónicas**. Es decir:

50 ciclos por segundo: 1ª armónica
2 x 50 c/s =100 c/s: 2ª armónica
3 x 50 c/s = 150 c/s: 3ª armónica
4 x 50 c/s = 200 c/s: 4ª armónica
5 x 50 c/s = 250 c/s: 5ª armónica; y así siguiendo

Constitución del transistor

Existen dos tipos de transistores de unión (Fig.VI-2): el NPN y el PNP.

El transistor NPN está formado por tres placas semiconductoras: una N, otra P y otra N, con tres conectores, uno en cada placa, denominados **emisor**, que es el que emite los portadores; **base**, que es el que controla los portadores, y **colector**, que es el que recibe los portadores.

El transistor PNP es similar, con la diferencia de que las zonas de semiconductores cambian. Todo lo válido para uno, lo es para el otro, a excepción de que las tensiones son de sentido contrario.

Los símbolos de estos componentes se ilustran en la Fig. VI-2.

Polarizar un circuito o componente, es energizarlos con la tensión adecuada para que circule la corriente que deseamos en cada uno de sus puntos.

Transistores de efecto de campo

Efecto de campo es la variación de conductibilidad de un sólido motivada por la aplicación de un campo eléctrico transversal.

El primer transistor de efecto de campo tuvo su origen en los laboratorios Bell (EE.UU.), en el año 1960.

El transistor de efecto de campo es un dispositivo semiconductor que depende, en cuanto al gobierno de la corriente, de un campo eléctrico.

Amplificación

Una de las principales aplicaciones del transistor es la amplificación de una corriente. El transistor tiene la característica de amplificar (aumentar) la corriente aplicada en la **base** con un factor bastante elevado.

Cuando hablamos de amplificación, nos estamos refiriendo a la potenciación de señales o pulsos de cualquier índole, que pasan a través del transistor y éste las amplifica –es decir, aumenta sus características eléctricas (tensión o corriente)–.

Si observamos la estructura del transistor, vemos que ante una señal alterna se comporta igual que un diodo, es decir, rectifica. Si queremos que esta señal alterna pase por el transistor, nos encontramos con el problema de que éste sólo deja pasar la señal en un sentido. Entonces, para poder pasar señales alternas a través del transistor, debemos superponerlas con una señal de naturaleza continua, con lo cual transformamamos la señal, con su misma característica, en unidireccional, pudiendo así pasar por el transistor.

Triacs

En los PLC se encuentran módulos de salida para accionar actuadotes (cargas) por medio de triacs. También por medio de relés y de transistores.

Los relés soportan mayor sobrecarga que los dispositivos en estado sólido o semiconductores, pero son más lentos y de corta vida útil.

Pueden conmutar 5A en 220 V, mientras que los triacs no superan 1A de carga a esa tensión.

Las salidas a transistor pueden conmutar cargas de 0,5A a 24 Vcc.

Los transistores son relés electrónicos que reciben la señal o pulso de otros transistores que están instalados en los sensores.

El triac es un tiristor bidireccional. Es un dispositivo utilizado en una gran variedad de aplicaciones de conmutación y regulación de potencia, y proporciona el mismo funcionamiento de onda completa que dos rectificadores, ofreciendo además la posibilidad de utilizar señales de disparo o mando tanto positivas como negativas.

Tabla de tiempos de actuación de componentes
(en milisegundos)

	CA	CC	Velocidad del módulo de salida
Triac	x	-	1 ms
Transistor	-	x	1 ms
Relé	x	-	10 a 15 ms

El módulo de salida en un PLC utiliza como componente principal, para la marcha o parada de cargas, dos tipos de elementos:

– En estado sólido (triacs, transistores).
– Electromagnéticos (relés).

La Fig. VI-4 muestra un circuito típico de salida de PLC a triac.

Electrónica digital

En electrónica digital sólo son posibles los estados lógicos 1 (alto) y 0 (bajo), y la conmutación entre uno y otro estado debe efectuarse lo más velozmente posible.

En electrónica la información se puede canalizar de dos formas: mediante señales analógicas y mediante señales digitales.

Las señales analógicas, por ser de carácter senoidal (modulantes), pueden pasar por infinidad de valores conforme a la sinusoide. Por el contrario, la señal digital, como ya se indicó, se limita a dos valores binarios, el 0 y el 1.

La electrónica digital estudia y analiza el diseño de circuitos integrados.

Instrumentos de medida digital son los que informan en el *display* o pantalla valores instantáneos.

Son instrumentos de medida analógica los voltímetros, amperímetros, frecuencímetros, etc.

El uso de aparatos analógicos es adecuado en las instalaciones que no requieren lecturas de valores instantáneos.

Como hemos dicho, los instrumentos digitales ofrecen la ventaja de mostrar rápidamente en pantalla (display, LCD) la lectura de las medidas. No tienen partes móviles, lo que asegura su precisión durante mucho tiempo, al no existir desgaste ni rozamiento que terminen afectando las lecturas.

La entrada de información, datos, señales o pulsos a un PLC se trata mediante un convertidor analógico/digital o digital/analógico, con lo que las lecturas de los valores eficaces (para los actuadotes) no se ven distorsionadas por la presencia de armónicas y otras perturbaciones producidas por campos magnéticos y/o eléctricos.

Interfases

En la automatización no se puede prescindir de las interfases.

Un módulo interfaz para señales analógicas y discretas, es un componente electrónico que se utiliza para interconectar, comunicar o acoplar dos o más circuitos entre sí (por ejemplo, módulos de E/S).

En una interfaz la entrada puede ser de tensión o corriente, y la salida, a transistor o relé.

En los módulos de salida, en lugar de utilizar un triac convencional se usa un optotriac. Un optotriac es un acoplador optoelectrónico que se utiliza para aislar galvánicamente dos circuitos.

Para aumentar la confiabilidad de los dispositivos de un PLC, es muy importante conseguir entre los módulos una separación galvánica segura.

Las interfases de relé u optoacopladores cumplen con esta y otras funciones.

La separación galvánica entre una entrada y salida en un PLC es para obtener alta inmunidad ante perturbaciones electromagnéticas.

Complementariamente, también son perjudiciales para los circuitos impresos o integrados el polvo, la suciedad, el calor, la humedad y el agua, que causan fallos prematuros.

Igualmente se hace necesario inmunizar a los PLC contra los golpes, choques y vibraciones presentes en procesos de manufactura donde están involucrados.

Ello se consigue respetando los niveles IP (por ej.: IP65 contra polvo y salpicaduras, IP67 contra efectos de inmersión, etc.).

Se fabrican módulos de E/S con protección contra vibraciones y elevada resistencia a choques (hasta 25 g, donde "g" es la aceleración de la gravedad) para los utilizados, por ejemplo, en las cercanías de cintas transportadoras, prensas, plataformas elevadoras, etc.

Los módulos de interfase modernos poseen el elemento activo (relé u optoacoplador) de carácter enchufable para facilitar las tareas de mantenimiento y respectivo cableado entre PC, periféricos, etc.

La interfase a relé se aplica en circuitos de potencia, garantizando, por su construcción electromagnética, capacidad de carga instantánea en el actuador (por ej.: motor eléctrico), además de inmunidad galvánica contra perturbaciones de origen eléctrico o magnético.

Los optoacopladores, por su fabricación con semiconductores, se encuentran en interfases para actuadotes de baja potencia eléctrica.

Relés en estado sólido

El relé estático o en estado sólido es un componente electrónico que realiza una función de interfase con aislamiento eléctrico entre un circuito de mando, generalmente de baja potencia, y un circuito de potencia conectado a cargas que pueden llegar a ser importantes (motores, bombas, electroválvulas, etc.), como la relación sensor-actuador en un PLC.

Esta función se realiza en forma totalmente estática por semiconductores, o sea, sin elementos en movimiento como en los relés electromecánicos.

Estructura

El relé estático tiene el esquema estructural que muestra la Fig VI-7. Allí se observa un circuito de entrada con aislamiento galvánico, un circuito de adaptación, y un circuito de salida.

Esta estructura es técnicamente equivalente y comparable a la de un relé electromagnético (Fig. VI-8).

En el relé estático, el circuito de entrada corresponde a la bobina electromagnética del relé, y el circuito de salida (los contactos) asegura la conmutación de la carga sobre el circuito operativo de potencia (motor, etc.).

Modo de funcionamiento del relé estático

Conmutación sincrónica

Se produce cuando la tensión en la carga pasa por el valor cero o cercano a él.

La ventaja de este tipo de conmutación es que la corriente se aplica a la carga en forma progresiva.

Esta conmutación es adecuada para las cargas resistivas (iluminación, calentadores, etc.), prolongando la vida útil de estos elementos, así como para cargas inductivas con coseno F > 0,7.

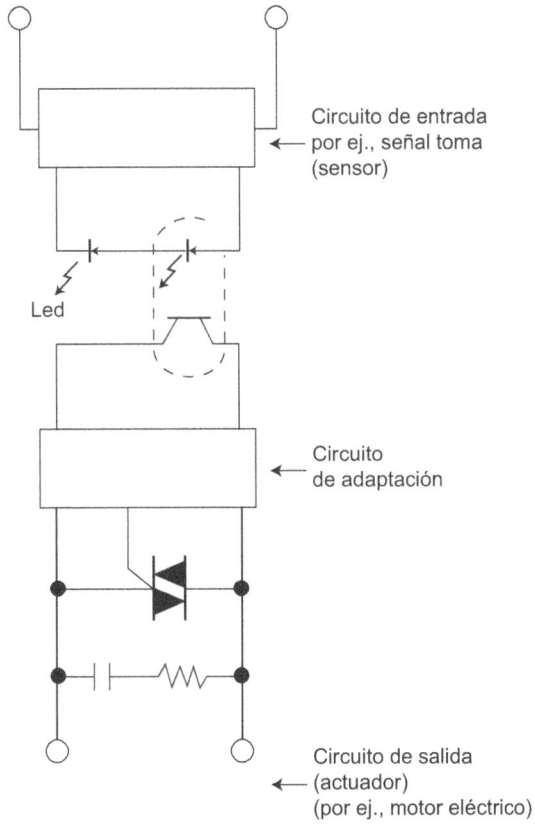

Circuito de entrada
por ej., señal toma
(sensor)

Led

Circuito
de adaptación

Circuito de salida
(actuador)
(por ej., motor eléctrico)

Fig. VI-7. Relé de estado sólido o estático

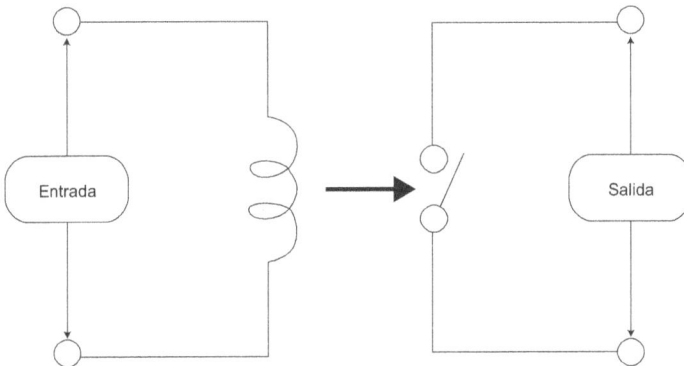

Entrada

Salida

Fig. VI-8. Relé electromagnético

Conmutación instantánea o asincrónica

En la conmutación asincrónica, la salida o actuador es activado a partir de la presencia de la señal de mando, en un tiempo de conexión del orden de los 100 µseg.

Los relés con conmutación asincrónica se adaptan perfectamente a las cargas de tipo inductivo con motores con cos. F < 0,7, así como en aplicaciones donde la respuesta debe ser muy corta.

Ventajas de los relés en estado sólido

- Vida útil extensa, por no tener partes móviles ni contactos mecánicos.
- Pueden conmutar cargas hasta 125A varias veces por segundo durante varios años, aventajando a los relés electromecánicos.
- Pueden conmutar cargas hasta 80 veces por segundo.
- El tiempo de respuesta de un relé estático asíncrono es de sólo 10 µseg.
- Las actuaciones se realizan sin rebotes y con toda fiabilidad.
- Su funcionamiento es silencioso.
- La naturaleza estática los hace aptos para ambientes con ruido y vibraciones.
- Por estar encapsulados, son aptos para atmósferas corrosivas o húmedas.
- Ausencia de chispas y arco eléctrico por no tener contactos mecánicos.
- Bajo consumo; sólo es necesario un pulso o señal de 10 mA en la entrada para conmutar una carga monofásica de 125A o una carga trifásica de 3x45A.

Precauciones particulares y protección del circuito de salida

Utilización de un disipador, pues la resistencia de salida depende de un semiconductor es diferente de cero, resultando un calentamiento que conviene disipar y limitar para no dañar el relé estático. Normalmente el disipador debe ser con I < 5A.

Protección con fusible, para proteger al relé estático contra sobrecargas y cortocircuitos eventuales en la carga. Se recomiendan fusibles ultrarrápidos para montar en serie con la carga. El fusible debe tener un valor I^2t inferior al relé.

También contra las sobretensiones se pueden emplear varistores.

Aplicaciones típicas de los relés estáticos

Los relés estáticos se vienen utilizando intensamente en aplicaciones de PLC y en circuitos basados en microcontroladores, tanto en sectores industriales como terciarios (comercios, hoteles, oficinas, etc.).

Circuitos integrados

Un circuito integrado es una pastilla o chip muy delgado en el que se encuentran miles o millones de componentes electrónicos interconectados, principalmente diodos y transistores y también componentes pasivos como resistencias o capacitores. Su área puede ser de un cm^2 o incluso inferior. Algunos de los circuitos integrados más avanzados son los microprocesadores, que gobiernan múltiples artefactos, desde computadoras hasta electrodomésticos, pasando por los teléfonos celulares. Otra familia importante de circuitos integrados la constituyen las memorias digitales. El transistor actúa como un switch. Éste puede encenderse electrónicamente o apagarse, o también puede amplificar corriente. Es utilizado, por ejemplo, en computadoras para almacenar la información o en amplificadores de un estéreo para hacer la señal de salida más fuerte.

La función de las resistencias es limitar el flujo de electricidad, y nos dan la posibilidad de controlar la cantidad de corriente que necesitamos conducir. Las resistencias son utilizadas, entre otras cosas, para controlar el volumen en una televisión o en una radio.

Los capacitores almacenan electricidad y la liberan en un rápido impulso, como en las cámaras fotográficas, donde una pequeña batería puede provocar un fuerte flash para iluminar toda una habitación durante un instante.

Loas diodos detienen la electricidad bajo alguna condición, y le permiten el paso tan sólo cuando esta condición cambia. Esto es utilizado por ejemplo en una fotocélula donde un haz de luz se corta y activa el diodo para detener el flujo a través de él.

Dependiendo de cómo sean los componentes en el circuito integrado, se puede obtener desde una simple alarma hasta un complejo microprocesador para una computadora.

El microprocesador es un circuito integrado que procesa toda la información en una PC o en un PLC. El microprocesador mantiene un registro de las teclas que se han presionado y, en el caso de la PC, del movimiento del mouse, y cuenta los números y corre los programas. Los circuitos integrados también pueden encontrarse en todos los aparatos electrónicos modernos incorporados al automóvil (frenos ABS), televisores, reproductores de CD, teléfonos celulares, etc. Los circuitos integrados fueron posibles gracias a descubrimientos experimentales que demostraron que los semiconductores pueden realizar las funciones de los tubos de vacío.

La integración o agrupamiento de grandes cantidades de diminutos transistores en pequeños chips fue un enorme avance con respecto a la instalación manual de los tubos de vacío (válvulas) y circuitos, utilizando componentes discretos.

La producción masiva de circuitos integrados, su confiabilidad y la facilidad que presentan para agregarles complejidad, impulsaron la estandarización de los circuitos integrados con transistores, desplazando a las válvulas o tubos de vacío.

Existen dos ventajas principales de los circuitos integrados sobre los circuitos convencionales: bajo costo y mejor rendimiento. El bajo costo es debido a que los chips, con todos sus componentes, son impresos como una sola pieza por fotolitografía y no armados por transistores, de a uno por vez.

En cuanto a las funciones integradas, los circuitos se clasifican en dos grandes grupos:

Circuitos integrados analógicos: pueden constar desde simples transistores encapsulados juntos, sin unión entre ellos, hasta dispositivos completos como amplificadores, osciladores o incluso receptores de radio completos.

Circuitos integrales digitales: pueden ser desde básicas puertas lógicas (Y, O, NO), hasta los más complicados microprocesadores.

Estos circuitos son diseñados y fabricados para cumplir una función específica dentro de un sistema (PC, PLC, etc.).

En general la fabricación de circuitos integrados es compleja, ya que tienen una alta integración de componentes en un espacio muy reducido, de forma que en algunos casos llegan a ser microscópicos. Su aplicación ha permitido grandes simplificaciones operativas de funcionalidad y de espacio con respecto a los antiguos circuitos con válvulas, y además con bajo costo de mano de obra, por la rapidez de su montaje.

Limitaciones de los circuitos integrados

Disipación de potencia calórica

Los circuitos eléctricos actúan en potencia. Cuando el número de componentes integrados en un volumen dado del circuito integrado crece, las exigencias de disipación de calor para no degradar el comportamiento del dispositivo también lo hacen. Esta circunstancia debe cuidarse para no llegar a inutilizar el circuito integrado. Los amplificadores de audio y los reguladores de tensión son proclives a elevar temperatura en su trabajo. Por ello se suelen incorporar "protecciones térmicas".

Los circuitos de potencia, evidentemente, son los que más energía calórica deben disipar; es el caso de, por ejemplo, los variadores de frecuencia.

En el caso de los variadores de frecuencia se busca, por parte de los fabricantes, que el gabinete disipe el calor de los chips hacia el medio ambiente. La reducción de resistividad térmica, así como las nuevas cápsulas de compuestos de silicona, permiten mayores disipaciones con cápsulas más pequeñas, sin excluir la inyección de ventilación o aire acondicionado.

En el caso de los PLC, los circuitos digitales resuelven el problema reduciendo la tensión de alimentación (se vienen imponiendo los 24 Vcc) y utilizando tecnologías de bajo consumo en los componentes.

Los diseñadores de circuitos integrados manejan con mucho cuidado la inserción de resistencias, capacitores y bobinas, reduciendo los valores de resistencias y capacitores.

Armónicas en edificios administrativos

La utilización cada vez más intensiva de equipos electrónicos en oficinas, es un factor de atención para el instalador electricista, pues las cargas se comportan de una manera diferente en comparación con las que existen en talleres y fabricas tradicionales.

En efecto: las PC, fotocopiadoras, equipos de fax, impresoras, etc. emplean para su funcionamiento fuentes *switching*, que tienen la particularidad de absorber de la red un gran porcentaje relativo de 3as armónicas.

Las armónicas tienen la particularidad de calentar anormalmente los conductores por mayor demanda de corriente y muy especialmente en el conductor neutro, donde por lo general no se instalan interruptores diferenciales o elementos de protección.

En una alimentación normal a oficinas en 3x380 V / 220 V, con un cable trifásico más neutro, nos encontramos con que la sección del neutro es de menor sección que los conductores de fase L_1, L_2, L_3. Comercialmente, los cables tetrafilares envainados tienen un neutro con sección menor que los conductores de fase. Este diseño se debe a que normalmente, en una instalación convencional, las cargas están equilibradas.

En la hipótesis de que en las tres fases puede haber consumo equilibrado y de bajo contenido armónico y factor de potencia normal, podemos estimar que por el neutro no circula corriente por desequilibrio en las fases.

Contrariamente, si la corriente tomada en cada fase fuese sinusoidal en cada fase, pero no idéntica en magnitud y coseno F, la corriente que circularía por el neutro sería la diferencia entre fases de esas magnitudes, pero de intensidad menor a la que circula en cualquiera de las fases.

Realidad de las cargas

La realidad operativa en edificios administrativos (compañías de seguros, bancos, etc.) es que, como dijimos anteriormente, el equipamiento electrónico lleva acopladas fuentes de alimentación que contienen filtros de capacitores con diodos rectificadores. El factor de potencia de estos componentes no supera el valor de 0,65, lo que de entrada reduce la carga ofrecida por la red en kW.

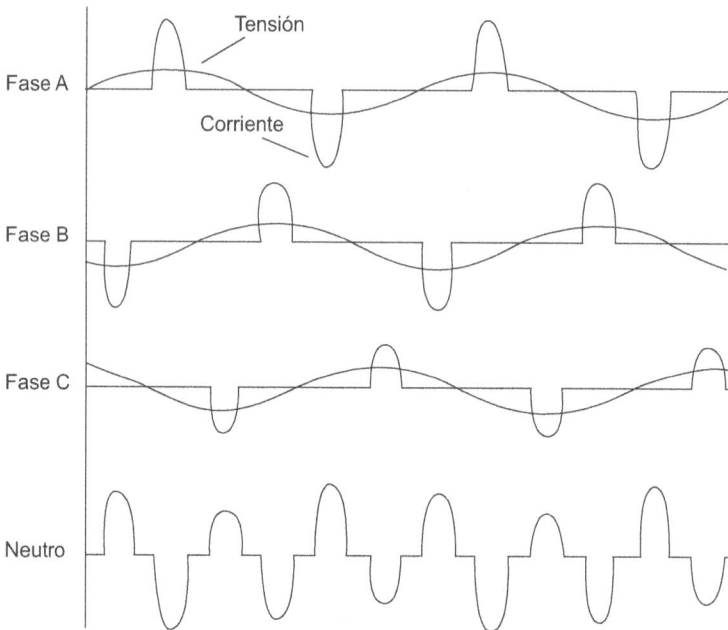

Fig. VI-9. Distorsión de la corriente por 3ª armónica (150 Hz).

Pero hay todavía una circunstancia más preocupante, y es que en la mayoría de las instalaciones no se considera la caída de tensión y la sobrecarga presente en el conductor neutro (N).

El equipamiento administrativo de baja potencia se conecta entre fase y neutro, tratando en lo posible de repartir la carga entre las fases, pues por la naturaleza de los dispositivos electrónicos (PC, fotocopiadoras, etc.) la corriente en cada fase es pulsante y discontinua, tal como se observa en la Fig. VI-9 y con alto contenido de 3ª armónica.

En estas condiciones, la corriente que circula por el neutro no queda cancelada y es esperable tener, como mínimo, un valor 1,7 mayor a los valores de corriente que circulan por las fases.

Como generalmente sobre el neutro no se instala protector diferencial, la gran corriente que circula por este conductor y la sección más reducida para contener el alto contenido de armónicas, derivarán en una sobrecarga para el aislamiento del cable y una eventual desgracia de incendio.

No sólo el conductor de neutro se ve afectado; los transformadores de la red de distribución que alimentan el tablero del edificio se verán

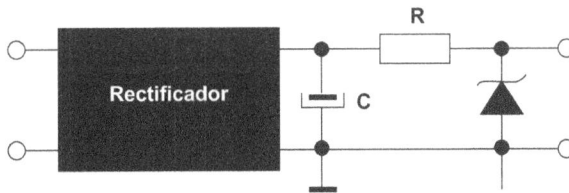

Diodo zener como estabilizador de tensión a la salida de un rectificador con filtro

Esquema de una fuente de alimentación estabilizada con zéner

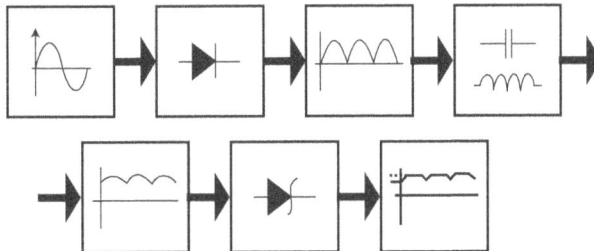

Fig. VI-10. Aplicación del diodo Zener para estabilizar la tensión.

más exigidos por este fenómeno, con más sobrecarga y por ende más calentamiento.

Soluciones posibles:

1) Si no existe objeción por parte de la distribuidora, se debe adoptar para el neutro la misma sección que para los conductores de fase, teniendo en cuenta que la corriente no será de 50 Hz, sino de 150 Hz (3 x 50 = 150 Hz de 3ª armónica).

2) Si el objetivo es no recargar los transformadores de alimentación de la distribuidora, se deberá recurrir al mejoramiento del factor de potencia dentro de la instalación del usuario, de modo de alimentar el circuito electrónico generador de armónicas, tratando de obtener un coseno $\phi = 0,95$.

3) Que los transformadores de la distribuidora tengan el secundario en estrella con neutro conectado a tierra.

Capítulo VII

SISTEMAS DE ARRANQUE TRADICIONALES EN MOTORES DE CORRIENTE ALTERNADA

En el Capítulo V se han desarrollado conceptos sobre variadores de velocidad actuando sobre la frecuencia, que son componentes que la tecnología ha ido perfeccionando para eliminar problemas de mantenimiento y reducción de la vida útil de los equipos y máquinas accionados por motores eléctricos trifásicos para potencias operativamente importantes.

No obstante, aquí se mencionan los tradicionales arranques denominados estrella-triángulo y por autotransformador, que si bien tienen un menor costo, tienen la desventaja de un arranque más brusco y son más limitados en sus aplicaciones con relación a los variadores de velocidad en base a control de la frecuencia.

El arranque a plena tensión origina picos excesivos de intensidad, provocando al mismo tiempo caídas de tensión también inaceptables, pues para una potencia fija del motor eléctrico, al aumentar I disminuirá V, conforme a la expresión de potencia $P = I.V$ y debido a que el motor siempre tenderá a tomar de la red la potencia para la que ha sido fabricado.

Estas perturbaciones pueden ocasionar problemas de mantenimiento inoportunos y costosos por la sobrecarga en la red eléctrica y los esfuerzos que se producen en el accionamiento mecánico.

Los circuitos con protección térmica pueden ayudar a mitigar el problema, pero los arrancadores suaves se han ido consolidando como la solución más integral a partir del año 2001.

Un arranque brusco puede ocasionar esfuerzos y desgastes importantes, y finalmente perjudicar accionamientos mecánicos como correas, acoplamientos y cojinetes del motor.

Los motores de corriente alterna son versátiles, económicos y de fácil mantenimiento; sin embargo, a partir de determinada potencia no es fácil conseguir que el arranque sea sencillo sin la ayuda de los arrancadores.

Normalmente, en potencias de hasta 7,5 kW (10 HP) es aceptable, aunque no excluyente, el arranque directo de motores trifásicos.

Los motores de inducción con rotor en cortocircuito o denominados *en jaula de ardilla*, son extensamente empleados en aplicaciones industriales debido a su robustez, bajo costo y menores requerimientos en mantenimiento en comparación con otros tipos de motores.

Aproximadamente el 40% de las fallas en los motores de inducción tipo jaula de ardilla se deben al deterioro del aislamiento de las bobinas del estator y el consecuente cortocircuito entre espiras.

El tema del arranque de los motores es una problemática de los instaladores, tratándose de equipos como ventiladores industriales tanto centrífugos como axiales, bombas o equipos de bombeo, motocompresores para refrigeración y aire acondicionado, etc,

El sistema de arranque debe satisfacer condiciones operativas y de seguridad tanto para proteger a los cables de alimentación eléctrica como al motor en sí.

El instalador debe tener presente que en una instalación de fuerza motriz se debe pensar en la protección contra sobrecargas y, muy especialmente, contra la eventualidad de un cortocircuito, tanto por parte de la alimentación (cableado y contactos), como del motor en sí (bobinados).

Para la protección del circuito (aislamiento adecuado del cable contra el calentamiento de las sobrecargas y cortocircuitos, como así también de los contactos y empalmes) se puede recurrir a los interruptores termomagnéticos clase D para cargas inductivas.

Para la protección del bobinado del motor (esmaltado, aislamiento específico, etc.), lo más funcional es la incorporación de un guardamotor adecuado a la potencia del motor.

Es oportuno informar que no mencionamos por ahora al contactor porque este elemento es de operación y no de protección.

El interruptor termomagnético (ITM) es el reemplazo más moderno y funcional de la antigua combinación de "fusible-relé térmico", donde el fusible tipo NH actuaba como protección contra cortocircuito y el relé térmico como protección contra sobrecargas.

El guardamotor como elemento integral de protección específica –y tal como su nombre genéricamente lo indica–, protege al bobinado del motor contra cortocircuitos y sobrecargas originadas por falta de fase, exceso de carga, etc, para lo cual constructivamente incorpora relé de sobreintensidad y con la calibración que informa el fabricante para cada aplicación.

Complementariamente, los fabricantes informan las curvas de funcionamiento o de disparo características para cada guardamotor, tanto contra sobrecargas como en la protección magnética contra cortocircuito; cantidad que puede estar indicada, a manera de ejemplo, en 12 In, o sea 12 veces la intensidad nominal del motor protegido.

La función térmica que protege el bobinado del motor es regulable desde el frente del dispositivo, lo que permite ajustar la protección contra sobrecarga de acuerdo a las características del motor empleado.

Arrancadores

Los fabricantes de motores eléctricos informan en sus catálogos, para cada potencia eléctrica, el valor de la intensidad de arranque (Ia) y la duración en segundos o milisegundos de esa intensidad.

Es evidente que la solución más simple y económica para efectivizar el arranque de un motor es hacerlo en forma directa, pero durante la fase de arranque la corriente tomada de la red puede alcanzar entre 6 a 8 veces la intensidad nominal o de régimen en marcha del motor.

Este pico de intensidad a tensión plena puede generar inconvenientes operativos en lo referente a una caída de tensión más allá de los límites ordenados por el Reglamento AEA.

Para evitar estos inconvenientes operativos y de seguridad eléctrica, se han ideado métodos de arranque a tensión reducida, tales como el arranque estrella-triángulo y el arranque por autotransformador.

Arranque estrella-triángulo (λ /$\triangle$)

Concepto básico

Para evitar las caídas de tensión de la red, y mantener la carga de corriente lo más baja posible, se ha utilizado durante mucho tiempo este sistema de arranque para motores eléctricos trifásicos, el cual sólo puede ser usado cuando el motor funciona durante el servicio en triángulo, arranca en vacío o el momento de carga durante la etapa estrella es pequeño y no aumenta de golpe.

Durante la etapa estrella, el motor puede ser cargado, por ejemplo, con el 50 o el 30 por ciento. Así, el par de arranque desciende aproximadamente en un 30% de su valor en el arranque directo. La corriente de arranque que el motor toma de la red es, de esta manera, de 2 a 3 In, aunque estos valores no son excluyentes, y dependen de la marca de arrancador que se seleccione.

La conmutación a triángulo sólo puede efectuarse cuando el motor alcanza la velocidad nominal.

El arrancador estrella-triángulo no es apropiado para puesta en marcha prematura.

Como muestra la Fig. VII-1, la protección del motor se realiza con relés de sobrecarga térmicos, que se montan sobre el contactor de red (A, B, C).

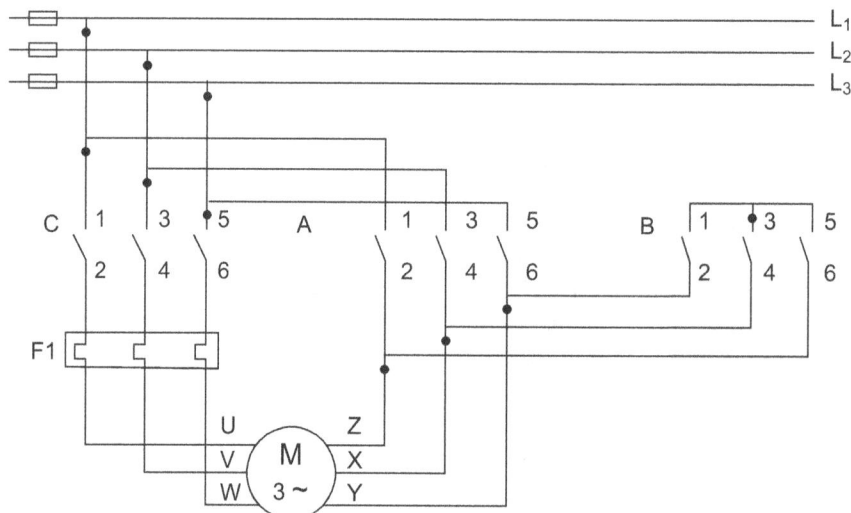

Fig. VII-1. Arranque directo por conmutación estrella-triángulo.

En la misma figura se observa que este sistema utiliza tres contactores (A, B, C), también llamados "arrancadores", haciendo la maniobra en forma temporizada. La Fig. VII-1 bis ilustra el aspecto físico de este componente de arranque para motores eléctricos trifásicos.

El sistema consiste en alimentar el motor conectándolo inicialmente en estrella, mientras se pone en movimiento, y una vez que el motor ha alcanzado aproximadamente entre el 70% y hasta el 90% de su velocidad de régimen (normalmente, en no más de 10 segundos), se pasa a la conexión en triángulo, de manera que el motor siga su marcha con este nuevo conexionado:

C: contactor de línea (L_1, L_2, L_3).

B: contactor estrella.

A: contactor triángulo.

Fig. VII-1 bis.

Principio de funcionamiento

La puesta en marcha del motor se efectúa en dos etapas:

a) Tensión, intensidad y cupla reducidos en el valor $\sqrt{3}$.
    Contactor C y B cerrados, contactor A abierto.
    Tensión de fase $380/\sqrt{3} = 220$ V.
    Intensidad de arranque $Ia = In/\sqrt{3}$.
    Cupla reducida en $\sqrt{3}$.

b) Cuando el motor inicia su marcha y alcanza aproximadamente entre el
    70% y el 90% de su velocidad de régimen, lo cual acontece en pocos
    segundos, se pasa la alimentación al sistema triángulo, entando así en
    servicio el contactor A, que estaba abierto, completando así el servicio
    del motor en triángulo.

La ventaja de este sistema es que evita la elevada corriente de
arranque tomada de la red, porque su valor se disminuye en $\sqrt{3}$.

Conforme a la temporización o tiempo de duración del arranque que
informa el fabricante para que el motor alcance la velocidad de régimen,
y en lo referente al arrancador para los contactores C y B, se cierra el
contactor A para que el motor tome la tensión de la red de alimentación
por haberse abierto los contactores C y B, quedando consumada la conmutación de estrella a triángulo en marcha normal para el motor.

Para poder utilizar este arranque, el motor debe estar fabricado para trabajar en triángulo con la tensión de línea. Por ejemplo, un motor apto para arranque en estrella-triángulo, en una red de 380 V, debe estar marcado como motor 380/660 V. La bornera en el estator debe tener sus seis bornes accesibles.

Su aplicación se recomienda para arranques sin carga o con pequeña inercia de arranque.

Debe tenerse en cuenta que el momento de la conmutación debe tener lugar cuando el motor esté cercano a su velocidad nominal, a fin de evitar sobretensiones que puedan perjudicar al motor y a los contactores.

Se recomienda emplear el arrancador estrella-triángulo en motores a partir de 4 HP = 3 kW con In = 7A, e Ia = 5 a 6 In, dependiendo esto del tipo de motor disponible o seleccionado.

Los motores monofásicos se fabrican normalmente hasta 2 HP = 1,5 kW con capacitor de arranque y disyuntor centrífugo para proteger el bobinado de trabajo que se libera con la velocidad del motor.

Los motores monofásicos no tienen par de arranque. Las normas IEC explicitan la potencia de los motores en kW y la oferta monofásica varía, según las normas IEC, de las potencias de 0,37 Kw (0,5 HP) hasta 3 kW (4 HP).

La oferta de motores trifásicos en 220/380 V es hasta 2,2 kW (3 HP), y a partir de los 3 kW (4 HP) en 380/660 V.

En general se utilizan carcasas de aluminio, porque disipan mejor el calor y son más livianas y económicas que las de fundición gris.

El acoplamiento mecánico del motor a una máquina o equipo (bomba, compresor, etc.) se realiza con bridas.

Los escudos del motor también se fabrican preferentemente de aluminio, denominándose escudos a las tapas anterior y posterior del motor.

Hay que considerar que por encima de los 1.000 metros de altitud sobre el nivel del mar, se modifica la densidad del aire atmosférico, lo que resiente la refrigeración natural del motor eléctrico y reduce también la capacidad de aislamiento eléctrica de sus bobinados.

Arranque por autotransformador

La Fig. VII-2 esquematiza este tipo de arranque para motores de corriente alterna trifásica, también realizado con la ayuda de contactores.

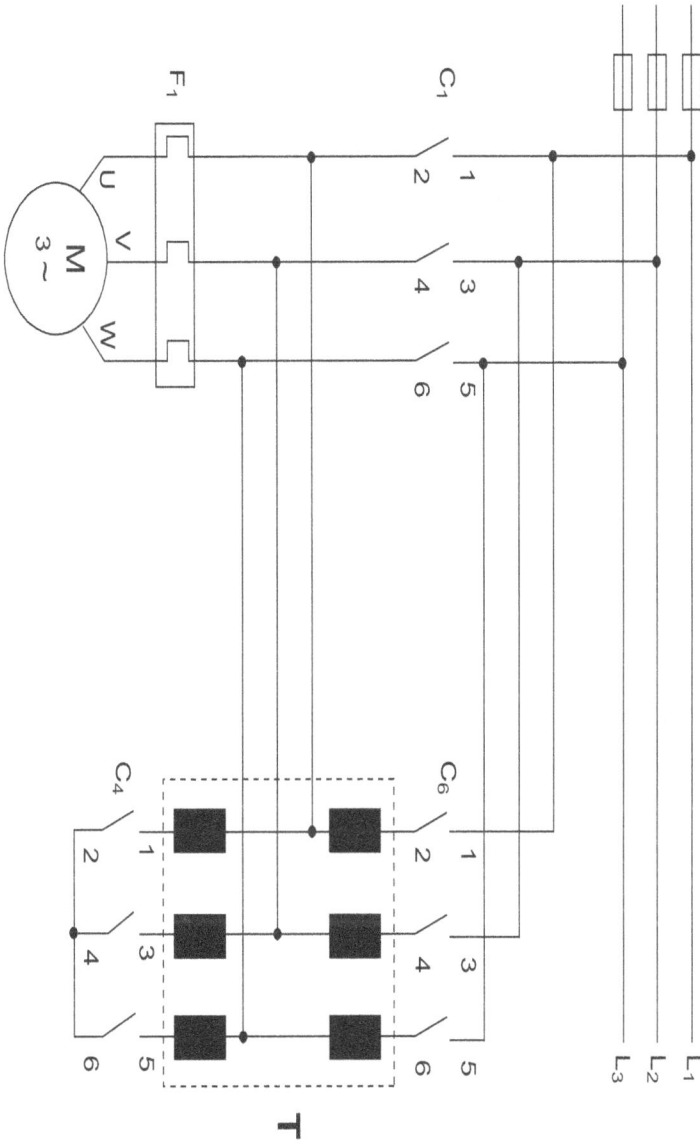

Fig. VII-2. Arranque por autotransformador.

Circuito de fuerza   Circuito de mando

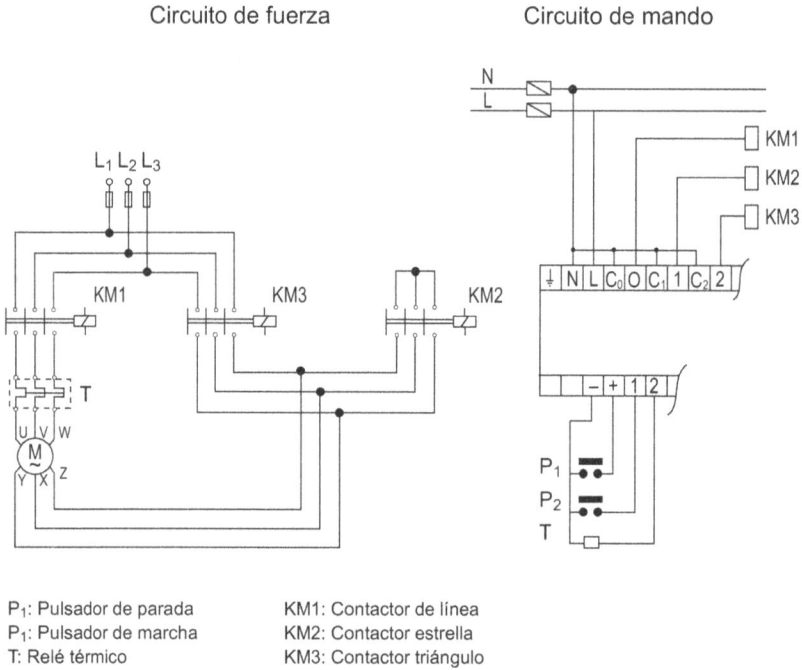

P₁: Pulsador de parada   KM1: Contactor de línea
P₁: Pulsador de marcha   KM2: Contactor estrella
T: Relé térmico   KM3: Contactor triángulo

Nota: la denominación de los contactores (KM) según Normas IEC.

Fig. VII-3. Arrancador λ–Δ gobernado por PLC.

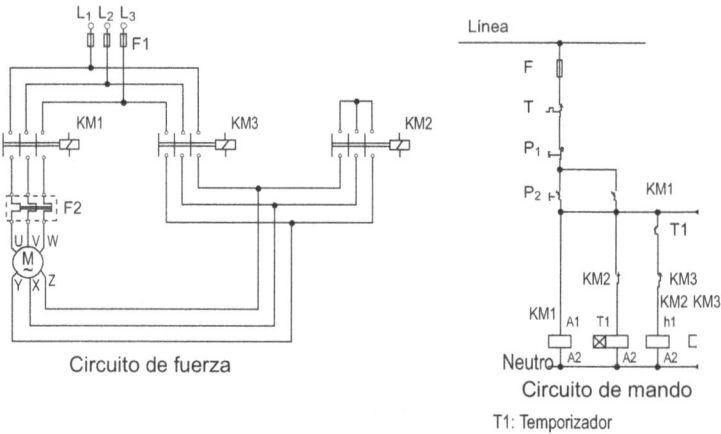

Circuito de fuerza   Circuito de mando

T1: Temporizador

Nota: la denominación de los contactores (KM) responde a la norma IEC.

Fig. VII-4. Arrancador λ–Δ gobernado por PLC.

Capítulo VIII

MOTORES ELÉCTRICOS

En las aplicaciones prácticas de fuerza motriz, los motores eléctricos más difundidos y utilizados son los denominados motores asincrónicos trifásicos (Figs. VIII-3 y VIII-4).

Los motores trifásicos de inducción se encuentran ampliamente difundidos, debido a su construcción simple y robusta, su menor tamaño y menor mantenimiento respecto de otros tipos de motores. Como contrapartida, su diseño eléctrico es fuertemente alineal, multivariable y altamente acoplado, por cuyas causas se torna complejo el control de velocidad.

A diferencia de lo que sucede en estos motores, el control de velocidad de aquellos de corriente continua con excitación independiente resulta esencialmente sencillo. La diferencia existente entre los bobinados de campo y la armadura permite controlar por separado las corrientes que generan flujo de magnetización por un lado y el par o cupla por el otro. Gobernando estas variables se obtiene un control completo del motor accionado, observándose repuestas dinámicas muy veloces con reducidas oscilaciones.

La estrategia del control vectorial consiste en extrapolar la técnica de control de corriente continua, al ámbito de los motores a inducción. Esto es especialmente aplicable a los variadores de velocidad, también denominados convertidores de frecuencia.

En general, los fabricantes nacionales ofrecen los motores eléctricos de inducción para las mayores tensiones operativas, esto es, 220/380 V hasta 2 kW y 380/660 V desde 3 kW y a 50 ciclos por segundo.

La tolerancia para las tensiones es de +/- 10%, y para la frecuencia es de +/-2%.

Sobrepasar estos límites de tolerancia puede producir calentamiento excesivo del bobinado, acortando la vida útil del motor, incluso quemando sus devanados o bobinados si no actúan en tiempo y forma las protecciones (ver guardamotores).

Los motores eléctricos están fabricados para servicio continuado dentro de su potencia nominal, temperatura ambiente hasta 40 ºC y altura máxima de instalación de 1.000 metros sobre el nivel del mar.

Admiten sobrecargas cuyos límites deben ser consultados en los catálogos de los respectivos fabricantes.

Intensidad y cupla de arranque

El diseño de doble jaula de los rotores permite en general obtener un muy buen par o cupla de arranque con limitación moderada de la intensidad de arranque (Ia) con relación a la intensidad nominal (In) que absorbe el motor en marcha normal (generalmente Ia = 6 a 8 In para tiempos de arranque que no superen los 10 segundos).

Los diseños modernos contemplan el bajo nivel sonoro (ruido de marcha) y, conforme a normas, las series de fabricación no superan los límites comprendidos entre 5 y 80 decibeles .

Otro aspecto contemplado por los fabricantes es el de los niveles de vibración en marcha, que son reducidos gracias al equilibrio dinámico al que son sometidos los rotores y ventiladores.

Clasificación de los motores eléctricos

Materiales de fabricación:

– Carcasa: aluminio (hasta 10 HP) o fundición gris. La carcasa de aluminio tiene las ventajas de tener un menor peso, mejor disipación del calor, y precio más bajo, por lo que su uso se está imponiendo cada vez más. Escudos: fundición gris.
– Bridas para acoplamiento a máquinas, compresores, etc.
– Patas: aluminio y fundición gris.
– Ventiladores: polipropileno, fibra de vidrio, aluminio.
– Caja de conexiones: fundición gris y aluminio.
– Placa de características: aluminio.

El límite de empleo de carcasas de aluminio en motores con potencias de hasta 10 HP nos ilustra que este material está reservado para motores de menor tamaño y potencia.

En cuanto a los rodamientos, en motores eléctricos son generalmente del tipo a bolillas (herméticos). Los fabricantes aconsejan que el funcionamiento en vacío de un motor o con carga inferior al 25% de la máxima, sea breve, para evitar daños en los rodamientos. Normalmente, el engrasado de fábrica es para toda la vida útil del motor, lo que reduce el mantenimiento (24.000 horas de servicio).

Diagrama de conexiones

Conexión estrella (Fig. VIII-1).
Conexión triángulo (Fig. VIII-2).

Conexión estrella en la bornera.

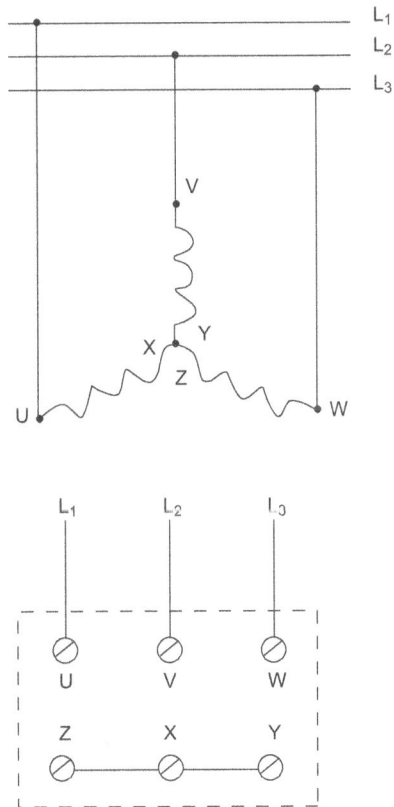

Fig. VIII-1. Disposición de la conexión en estrella de los bobinados y correspondiente bornera.

Conexión triángulo en la bornera

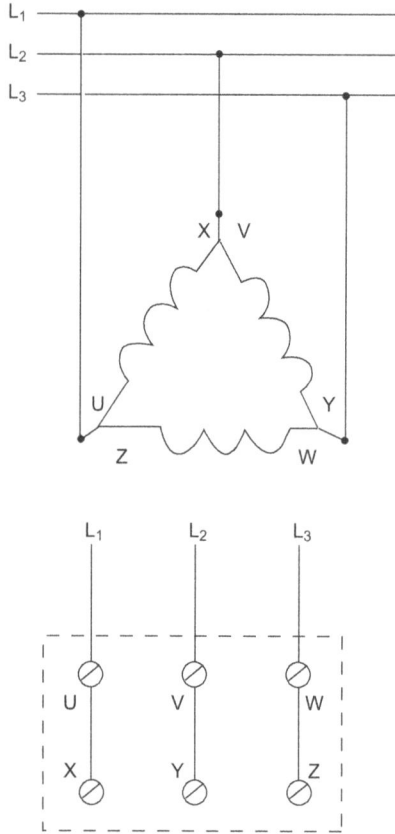

**Fig. VIII-2. Disposición de la conexión en triángulo de los bobinados
y correspondiente bornera.**

Velocidades

Las velocidades de rotación dependen del número de polos conforme la conocida fórmula:

2 polos: 3.000 rpm
4 polos: 1.500 rpm
6 polos: 1.000 rpm
8 polos: 750 rpm
(Las variantes indicadas son las más usuales.)

Potencia

Viene expresada en HP, CV y kW, recordando la relación 1CV = 0,736 kW.

– Tensión: 220/380 V.
– Relación intensidad de arranque e intensidad nominal: Ia/In.
– Rendimiento: η.
– Factor de potencia: cos Φ.
– Relación entre cupla de arranque y cupla nominal: Ma/Mn =1,5 a 2 In.
– Momento de inercia: J en kg/m^2.
– Peso: kg.

En la tabla adjunta se da una orientación sobre las potencias en los consumos para tensiones 220/380 V, como así también sobre la sección del cable y la protección contra cortocircuito (fusibles, en caso de optar por ellos).

No obstante, el valor más adecuado lo informa el fabricante de cada motor a través de sus catálogos.

En el Capítulo IV (dedicado a los guardamotores) se señala que los fusibles están siendo desechados como protección contra cortocircuitos.

Operación del motor eléctrico

Los fabricantes informan las curvas características (curvas de trabajo) que ilustran sobre el efecto Joule (I^2 t) que origina la corriente de arranque, o sea la intensidad que toma el motor desde la red de alimentación, con relación a la protección para el aislamiento del alambre de los bobinados.

El aislamiento esmaltado o de otra naturaleza que protege el alambre de las bobinas es de menor "aguante" que el aislamiento de PVC (u otras) que tienen los cables eléctricos, protegidos por ITM contra sobrecargas y cortocircuitos.

Hemos comentado que la intensidad de arranque (Ia) puede adquirir un valor de entre 6 y 8 veces la intensidad nominal (6 a 8 In).

La duración de la intensidad de arranque depende de la potencia del motor y se puede ubicar orientativamente entre los 2 y los 10 segundos.

Los guardamotores tienen protección térmica para el arranque, que viene calibrado de fábrica hasta 14 In, siendo la regulación practicada por operarios idóneos para el mantenimiento eléctrico, conforme a sugerencias o instrucciones de los fabricantes del guardamotor seleccionado.

La ventaja del guardamotor respecto de los fusibles tipo NH + relevos térmicos, es el poco espacio ocupado en el tablero y la economía de tiempo y mano de obra frente al reemplazo del fusible.

Características de los aislamientos en motores eléctricos

Aislamiento Clase	Temp. Máx. °C	Temp. admisible °C
A	105	60
E	**120**	**75**
B	130	80
F	155	100
H	180	125
C	más de 180 °C	

El aislamiento del alambre de los bobinados de un motor eléctrico tiene menos resistencia al calor que el aislamiento termoplástico que recubre los cables de alimentación eléctrica.

El aislamiento para el alambre de cobre estandarizado se fabrica para 180 °C.

Hasta hace 10 años se utilizaba el aislamiento Clase B; ahora es usual el de Clase F.

Fusibles

Se denominan como sigue:

- gL: fusible para uso general en cables y motores con cargas inductivas.
- gG: fusible para uso general.
- NH: fusible con alta capacidad de ruptura.

Las armónicas perjudican la calidad de la energía que alimenta a los motores eléctricos. La calidad de la energía se reduce cuando desde un mismo tablero o transformador de red se alimenta a computadoras y otros equipos electrónicos de oficina que generan corrientes correspondientes a las armónicas 3ª, 5ª, 7ª, y 11ª. Las 3ª y las 9ª pueden quedar atrapadas en el primario del transformador, pero pueden pasar las 5ª, 7ª y 11ª y llegar al secundario del transformador que alimenta el tablero

Mantenimiento preventivo en motores eléctricos trifásicos

Aspecto	Recurrencia
Medición de aislamiento entre fase y tierra	Anual
Lubricación de cojinetes (alemites)	Trimestral
Balanceo dinámico	Cada tres años
Cambio de cojinetes	24.000 hs.

a) Motores de C.A.		
	Trifásicos	con rotor en corto circuito (jaula de ardilla)
		con rotor bobinado (anillos rozantes)
Asincrónicos		
	Monofásicos	con bobinado auxiliar de arranque (fase partida)
		de espira en cortocircuito
	Serie	
b) Motores de corriente continua	Derivación (*shunt*)	
	Compuestos (*compound*)	

de la instalación de fuerza motriz, circunstancia que debe ser considerada por el Instalador Electricista como causa de bobinados deteriorados por causa de las armónicas indeseables.

Aproximadamente 40% de las fallas en los motores eléctricos de inducción con jaula de ardilla se deben al deterioro del aislamiento de las bobinas del estator, con el consecuente cortocircuito entre espiras.

Un bajo factor de potencia en una instalación origina un incremento en el consumo de energía, sobrecargando la capacidad de los conductores de la instalación.

Las cargas inductivas de los motores eléctricos hacen que la corriente se retrase, por lo cual se deben conectar baterías de condensadores para una corrección del factor de potencia hasta 0,9.

Motor asincrónico trifásico

Esta máquina se compone fundamentalmente de un rotor y un estator. Ambas partes están formadas por un "paquete" de láminas ferromagnéticas, en donde se maquinan las ranuras en las cuales se insertan los devanados (bobinados) estatórico y rotórico respectivamente.

En ellos se produce la transformación de potencia eléctrica, absorbida por las bobinas del estator desde la red, en potencia mecánica disponible en el eje del rotor.

Al alimentar el bobinado trifásico del estator, mediante un sistema de tensiones trifásicas, se crea un campo magnético giratorio, el cual induce en el bobinado del rotor una fuerza electromotriz, y como todas las esperas forman un circuito cerrado, circulará por ellas una corriente, obligando al rotor a ponerse en movimiento girando en el mismo sentido que el campo magnético giratorio del estator.

Componentes o partes del motor asincrónico

El **estator** es la parte fija del motor. Sus partes principales son:

1. Carcasa. Es la parte que sirve de soporte o que contiene al núcleo magnético. Se fabrica de fundición gris o aluminio, en forma corrugada, formando aletas para favorecer la disipación del calor que produce el funcionamiento del motor. En los motores de mediana y gran potencia la carcasa debe tener gran resistencia mecánica.
2. Paquete magnético. Es una superposición estudiada y proyectada de láminas ferromagnéticas de pequeño espesor y aisladas entre sí con barnices especiales, formando una sola pieza o cuerpo bien compactado.
3. Bobinado estatórico. Bobinas que tienen la función de producir el campo magnético al ser recorridas por la corriente que toman de la red. Están alojadas en las ranuras (abiertas o semiabiertas) que conforma el denominado núcleo o paquete.
4. Caja de conexiones. También llamada "bornera". Aloja el conjunto de bornes, está situada en la parte superior o lateral de la carcasa,

y sirve para conectar la energía eléctrica de la red a los terminales del bobinado estatórico. Conforme a normas internacionales IEC, los bornes a los cuales se conectan los principios de las bobinas se identifican como U_1, V_1, W_1, y los finales de bobinas, U_2, V_2 y W_2.

El **rotor** es la parte móvil del motor. Constructivamente está formado por un eje de acero Siemens Martin y un paquete de láminas ferromagnéticas (hierro permeable al magnetismo) que lleva en la periferia unas ranuras, para alojar las bobinas retóricas.

Según se dispongan los conductos del rotor, en cortocircuito o formando un bobinado, se fabrican dos clases de motores asincrónicos:

a) Motores con rotor en cortocircuito o jaula de ardilla (Fig. VIII-3 a).

Son aquellos cuyo rotor está conformado por un paquete de láminas ferromagnéticas de muy pequeño espesor, aisladas entre sí. Este conjunto prensado y compactado se monta en el eje de manera que no pueda moverse. En motores de potencia importante se disponen unos pasadores aislados que atraviesan todo el compacto de láminas asegurando la estanqueidad del mazo.

El bobinado del rotor está conformado por un conjunto de conductores desnudos, de cobre o aluminio, puestos en cortocircuito y unidos a dos anillos frontales (anterior y posterior) del mismo material. De ahí el nombre de *jaula de ardilla.*

En los motores pequeños (hasta 2 HP), se inyecta en caliente aluminio en las ranuras, obteniéndose al mismo tiempo los dos anillos frontales y las aletas de ventilación.

Los rotores se fabrican con ranuras profundas.

b) Motores con rotor bobinado (Fig. VIII-3 b).

En estos motores, el rotor lleva un bobinado trifásico en estrella, que se aloja en las ranuras del paquete. Los extremos del bobinado se conectan a los anillos, sobre los cuales se apoyan las escobillas rozantes.

El **entrehierro** es la separación existente entre el estator y el rotor. Se construye con un espesor muy reducido y uniforme para evitar la dispersión magnética proveniente de las bobinas del estator, o sea del flujo magnetizante del estator hacia el rotor.

El espesor es lo suficientemente reducido como para que sólo permita la libre rotación del rotor y se evite toda posibilidad de rozamiento con el estator.

La uniformidad del entrehierro se verifica con hojas metálicas de espesor conocido y calibrado y que se denominan "sondas".

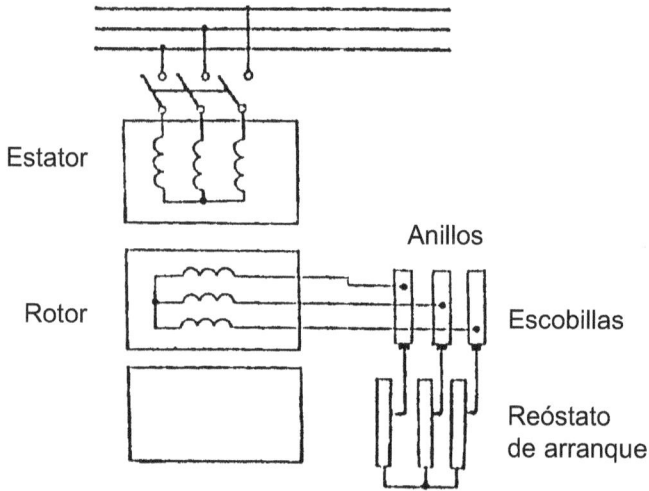

Esquema de conexión de un motor asíncrono con rotor de fase.

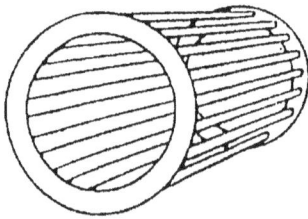

Rotor tipo jaula   Rotor bobinado

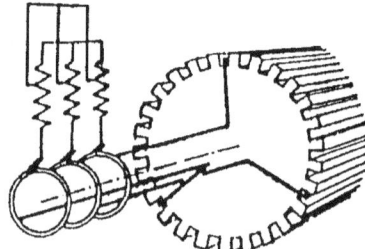

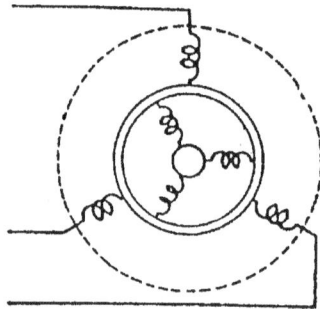

Esquema de un motor trifásico de inducción.

Fig. VIII-3. Esquemas de motores eléctricos.

Curvas características

Los fabricantes informan las curvas características de los motores que fabrican. Normalmente grafican la cupla en función de la velocidad del rotor. Para la misma potencia, cuanto mayor es la velocidad, se consigue construir el motor de menor tamaño y por ende de menor precio.

Cálculo de la potencia de un motor eléctrico

a) Para un ascensor

La potencia necesaria para la cabina de un ascensor, bajo cualquier carga, puede determinarse por la fórmula:

N (HP) = (F + Pc) V/75 Ri.Rm

Donde:
N: potencia del motor necesaria (en HP).
F: carga no equilibrada (en kg).
V: velocidad lineal de la polea tractora (m/seg).
Ri: rendimiento de la instalación.
Rm: rendimiento de la máquina eléctrica.
Pc: peso de los cables de acero (si existe cadena o cable de compensación, Pc = 0).

Nota: la carga no equilibrada (F) se calcula de la siguiente forma: para un ascensor con una carga útil a levantar de 1.125 kg, balanceado a un 40%, la carga no equilibrada es de 675 kg, o sea 1.125 x 0,60 = 675.

En general, conociendo el rendimiento de un motor (dato que da el fabricante), la potencia eléctrica que el motor toma de la red de alimentación se determina por la siguiente fórmula:

HP x 0,746/Rm = Kw

Siendo 1 HP = 0,746 kW.
Rm: rendimiento del motor.

En general, los motores eléctricos más utilizados son los de 1.500 rpm. Si bien se adoptan también de 3.000 rpm, la mayor velocidad acorta la vida útil del conjunto, y en especial de los rodamientos.

b) Para un equipo de bombeo de agua en un edificio

La potencia del motor elegido es función del tipo de bomba, dato informado en el catálogo del fabricante y siendo:

N (HP) = Q x h x 1.000/3.600 x 75 x Rb

Donde:

Q: caudal de agua para el tanque elevado.

H: altura denominada manométrica, que incluye la altura de elevación del tanque más las pérdidas en la cañería (normalmente se calcula entre un 20 y 30%).

Rb: rendimiento de la bomba (información que da el fabricante).

1.000: peso específico del agua (1000 kg/m^3).

Nota: el funcionamiento del motor en vacío o con carga inferior al 25% de la máxima, sólo debe permitirse por períodos de tiempo cortos, de lo contrario los rodamientos pueden dañarse gravemente, en pocas horas.

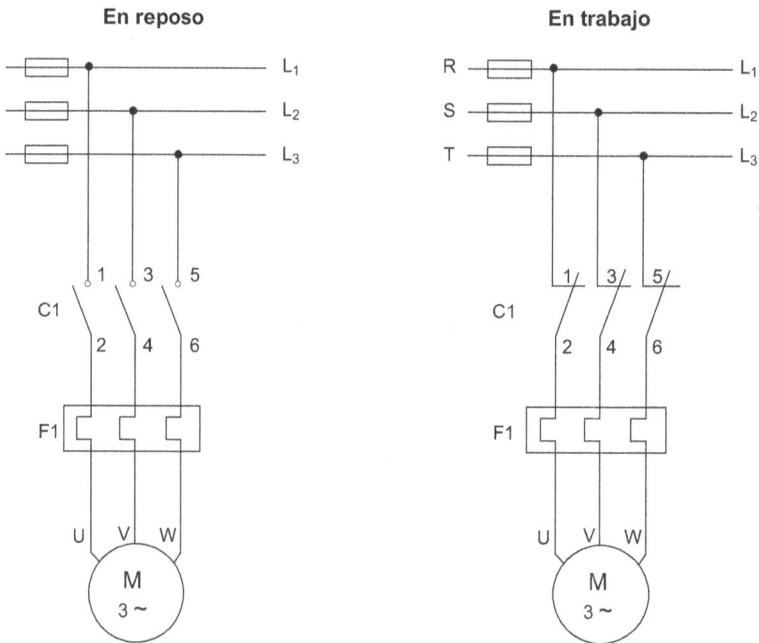

Fig. VIII-4. Arranque directo en un solo sentido.

En la Fig. VIII-5 se ofrece una tabla orientativa sobre valores específicos para motores eléctrico.

Asincrónicos 1.500 rpm Consumo - Sección de conductores y fusibles							
		3 x 380 V trifásico			220 V monofásico		
Potencia HP	kW	Corriente Amp	Sección mm²	Fusible Amp	Corriente Amp	Sección mm²	Fusible Amp
0,5	0,368	1,2	1	4	3,75	1	10
0,75	0,55	1,7	1	4	5	1	16
1	0,736	2,1	1	6	6	1,5	16
1,5	1,1	2,9	1	10	9	1,5	25
2	1,5	3,6	1	10	12	2,5	25
3	2,2	5,1	1,5	16	18	4	35
4	3	7	1,5	25	24	6	50
5,5	4	8,3	1,5	25	30	10	63
7,5	5,5	11,5	2,5	25	---	---	---
10	7,5	15,2	4	35	---	---	---
15	11	23	6	50	---	---	---
20	15	30	10	63	---	---	---
25	18,5	36	10	80	---	---	---
30	22	45	16	100	---	---	---
40	30	58	25	125	---	---	---
50	37	70	35	160	---	---	---
60	45	85	35	200	---	---	---
75	55	102	50	250	----	---	---
100	75	139	70	250	---	---	---
125	90	165	2 x 35	315	---	---	---
150	110	205	2 x 50	400	---	---	---
180	132	2409	2 x 70	400	---	---	---
220	160	290	2 x 95	500	---	---	---
270	200	360	2 x 120	500	---	---	---
340	250	450	2 x 150	630	---	---	---
430	315		3 x 120	800	---	---	---

Nota: Se considerará protegido el conductor cuya sección nominal cumpla la relación establecida por la norma IEC

$$S \geq \frac{I_{cc} \sqrt{t}}{K}$$

**Fig. VIII-5. Tabla informativa sobre valores específicos
para motores eléctricos.**

Electrodoméstico	Potencia (W)	Consumo (kWh)
Acondicionador 2.200 frigorías/h	1.350	1,013
Aspiradora	750	0,675
Cafetera	900	0,720
Computadora	300	0,300
Estufa de cuarzo (2 velas)	1.200	1,200
Extractor de aire	25	0,025
Freezer	180	0,090
Freidora	2..000	1
Heladera	150	0,063
Heladera con freezer	195	0,098
Horno eléctrico	1.300	1,040
Horno de microondas	800	0,640
Lámpara dicroica	23	0,023
Lámpara fluorescente compacta 7 w	7	0,007
Lámpara fluorescente compacta 11 w	11	0,011
Lámpara fluorescente compacta 15 w	15	0,015
Lámpara fluorescente compacta 20 w	20	0,020
Lámpara fluorescente compacta 23 w	23	0,023
Lámpara incandescente 40 w	40	0,040
Lámpara incandescente 60 w	60	0,060
Lámpara incandescente 100 w	100	0,100
Lavarropas automático	520	0,182
Lavarropas automático con calent. de agua	2.520	0,882
Licuadora	300	0,300
Lustraspiradora	750	0,675
Minicomponente	60	0,060
Multiprocesadora	500	0,400
Plancha	1.000	0,600
Purificador de aire	110	0,110
Radiador eléctrico	1.200	0,960
Reproductor de video	100	0,100
Televisor color 14"	50	0,050
Televisor color 20"	70	0,070
Termotanque	3.000	0,900
Tubo fluorescente	40	0,050
Tubo fluorescente	30	0,040
Turbo calefactor (2.000 calorías)	2.400	2,400
Turbo ventilador	100	0,100
Secador de cabello	500	0,400
Secarropas centrífugo	240	0,192
Ventilador	90	0,090

Fuente: ENRE - Ente Regulador de la Electricidad

Fig. VIII-6. Tabla orientativa sobre consumos de electrodomésticos

Gestión de motores eléctricos

Las escaleras automáticas, las bombas, los ventiladores centrífugos, los ascensores, etc. funcionan con más eficacia si los correspondientes motores son accionados suavemente.

Un factor importante en la aplicación de los "arrancadores suaves" es la reducción del desgaste y deterioros (estrés mecánico) que sufren los motores y sus sistemas de cojinetes, rodamientos, acoplamientos, etc., que además se asocian con beneficios de la tensión y corriente que absorben de la red eléctrica.

Ya hemos comentado que la corriente consumida por un motor trifásico a inducción o jaula de ardilla es, durante la fase de arranque, varias veces mayor que la corriente nominal (In) de funcionamiento del mismo en régimen normal.

Para superar los problemas asociados a la intensidad y al esfuerzo mecánico, la técnica para el accionamiento de los motores eléctricos fue aportando soluciones integrales y básicas en concordancia con la relación costo-beneficio que debe considerarse en toda instalación de fuerza motriz.

De esta manera, y conforme al grado de complejidad y/o necesidad operativa, se fueron categorizando:

- Arranque estrella-triángulo.
- Arrancadores suaves.
- Convertidores de frecuencia o de velocidad.

Arranque estrella-triángulo

Hemos visto también que, en general, los arranques directos en motores trifásicos son comunes hasta 5 kW (7 HP), pero para potencias más elevadas se requieren controles para evitar o amortiguar el comentado estrés mecánico y eléctrico durante el arranque y la parada.

Tradicionalmente, el método más difundido es el arranque estrella-triángulo, mediante el cual se reduce la tensión aplicada en los bornes del motor durante el arranque, con la consecuente reducción del torque o cupla.

Con este dispositivo, el esfuerzo mecánico sobre cojinetes, rodamientos, acoplamientos, reductores de velocidad, etc. se reduce aproximadamente en 2/3 con respecto al esfuerzo con arranque directo desde la red. La experiencia demostró que a partir del momento en que ocurre la conmutación de estrella a triángulo, se presentan consumos y esfuerzos que pueden ser casi tan altos como los experimentados con un arranque directo.

Arrancadores suaves (sofstarters)

En el caso de los "arrancadores suaves" (*softstarters*), éstos toman la tensión de red, o sea de alimentación externa, la rectifican a corriente continua y luego la vuelven a convertir en una tensión alterna mediante un ondulador que se encarga de suministrar al motor una tensión y frecuencia adecuada para un arranque suave, con una rampa (característica) programada, incluso con torque nominal y con posibilidad de variar la velocidad durante el proceso de arranque.

Otra de las ventajas de los arrancadores suaves es el reducido espacio que ocupan comparado con el que requiere un arrancador estrella-triángulo.

Los arrancadores suaves se han convertido en la mejor opción al momento de accionar, sin necesidad de variación de velocidad, potencias mayores a 5 kW (7 HP).

Todas las funciones de protección contra cortocircuito y sobrecarga están incorporadas en serie, como ya hemos explicado en los capítulos referentes a los arrancadores.

Los arrancadores suaves son entonces llaves de arranque estático destinados a acelerar, desacelerar y proteger motores eléctricos.

El control de la tensión aplicada al motor mediante el ajuste del ángulo de disparo de los tiristores permite obtener arranques y paradas suaves para el motor involucrado.

Con un correcto ajuste de los parámetros, los arrancadores suaves permiten que la corriente y el torque se ajusten a las necesidades de carga del motor; es decir que la intensidad tomada de la red por el motor será la mínima necesaria para conseguir la aceleración sin variar la frecuencia aplicada al motor.

Convertidores de frecuencia o convertidores de velocidad

Una tecnología de más alta gama que los arrancadores suaves la conforman los convertidores de frecuencia o convertidores de velocidad, que permiten variar el torque y velocidad de un motor operando sobre una gama de frecuencias que puede ir desde 0,1 Hz hasta 400 Hz, con la incursión de PLC para el correspondiente gobierno del proceso productivo.

Capítulo IX

INSTALACIÓN PARA FUERZA MOTRIZ

Intensidad nominal

La denominada intensidad nominal (In) es la cantidad de corriente que consume una máquina o instalación en condiciones normales de servicio operativo (motor, dispositivo, aparato, conductor, etc.).

Hasta la intensidad nominal no deben producirse calentamientos peligrosos. Todo valor de corriente que exceda la intensidad nominal se denomina sobreintensidad.

Intensidad de arranque (Ia) es la intensidad excedente de corriente, mayor que la intensidad nominal que absorben los motores eléctricos; es aproximadamente, según el diseño de los motores, de entre 2 a 8 In.

Intensidad o corriente a rotor bloqueado (Irb) es la corriente máxima que soporta el motor eléctrico, cuando su rotor está totalmente frenado.

Los voltajes más comúnmente empleados son: 127 V, 220 V, 380 V, 400 V, 2.300 V y 6.000 V.

Calor por inducción

Todo campo magnético variable (senoidal) induce en los núcleos de hierro (motores, transformadores, etc.) corrientes parásitas denominadas, también, corrientes de Foucault, que provocan un consumo de energía no aprovechable para trabajo útil. A su vez, estas corrientes reaccionan contra el flujo que las origina, reduciendo la intensidad efectiva de la inducción magnética.

Por otra parte, como consecuencia de la no linealidad o desfase entre la onda de flujo magnético y la intensidad que lo crea, se producen también las pérdidas por histéresis, que se manifiestan en forma de calor.

Estas pérdidas, siempre inevitables, en la mayoría de los casos son de presencia cierta. No obstante, existen aplicaciones en las que estos fenómenos son aprovechados para usos industriales, como es el caso de los frenos de inducción, la fundición de metales o el temple superficial del acero denominado revenido.

El arco eléctrico es especialmente peligroso si se considera que puede presentarse de forma incontrolada, como es el caso del cortocircuito.

Todo conductor eléctrico que transporta corriente, genera calor, en forma proporcional a la resistencia que el metal del conductor ofrece al paso de esa corriente.

La resistencia de los conductores eléctricos que se emplean para el transporte de la intensidad eléctrica, tanto en circuitos como en bobinados, debe ser lo más baja posible; por eso se emplean el cobre y el aluminio –con preferencia este último, por razones de costo–.

El PVC contiene aceites plastificantes. Al aumentar la temperatura, estos aceites tienden a evaporarse, tanto más cuanto más alta sea la temperatura.

Si estos vapores entran en contacto con una chispa o una llama pueden inflamarse, generando más calor.

El PVC es un termoplástico que a partir de los 80 °C se ablanda, se contrae y a temperaturas más altas gotea.

Es así que por deterioro de aislamiento puede sobrevenir un cortocircuito. En contacto con el fuego, el PVC se inflama, generando gran cantidad de gases tóxicos y corrosivos. Al arder y descomponerse, el 30% de su peso se convierte en ácido clorhídrico, cuyos efectos ponzoñosos y perniciosos se manifiestan rápidamente sobre el resto del la instalación eléctrica (tableros, dispositivos, etc.), las estructuras metálicas, y también las de hormigón.

En lo que respecta a los organismos vivos, produce la muerte en pocos minutos. Se estima que de las muertes debidas a incendios, las causadas por inhalación de gases son mucho más numerosas que las producidas por el resto de los factores.

Los cables aislados con elastómeros por ser termoestables son más confiables al fuego que los termoplásticos.

El termoplástico teflón puede usarse hasta 350 °C, y con aditivos se consigue aumentar el punto de inflamación.

Es por lo explicado precedentemente que la situación eléctrica más comprometida para un conductor es el calentamiento por efecto Joule (I^2t), del aislamiento por sobrecarga, y del metal (cobre o aluminio) por cortocircuito y sobrecarga.

Verificada la sección de un conductor al calentamiento por corto-circuito, la caída de tensión queda satisfecha.

En el ejemplo de la Fig. IX-1, consideramos un taller donde se necesita instalar cuatro motores trifásicos a inducción tipo jaula de ardilla.

Las características son (ver Fig. IX-1):

M_1 = 7,5 kW.
In_1 = 15 A.
M_2 = 3,5 kW.
In_2 = 9 A.
M_3 = 4 kW.
In_3 = 12 A.
M_4 = 3 kW.
In_4 = 7A.

La sumatoria de las intensidades nominales In_1 +In_2 +In_3 + In_4 = 15A + 9A + 12 A + 7A = 43A.

Los tramos de cable de cobre con aislamiento en PVC son:

Tramo Tp-T_1 = L_1 = 15 m.
Tramo T_1-T_2 = L_2 = 4 m.
Tramo T_2-T_3 = L_3 =3 m.
Tramo T_3-T_4 = L_4 = 3 m.

Para el tablero principal Tp, se prevé un ITM (interruptor termo-magnético) clase D para carga inductiva para 50A.

Los interruptores termomagnéticos (ITM) protegen la instalación contra sobrecargas y cortocircuitos (incendios). Son más adecuados que los fusibles porque tienen respuesta térmica y magnética, y frente a un cortocircuito admiten el "reseteado" con menor mantenimiento que el que demanda la reposición del elemento fusible.-

Para los tableros seccionales T_1, T_2, T_3 y T_4 se prevén guardamotores adecuados a la capacidad de los motores, como protección contra sobrecargas y cortocircuitos, pero no para la instalación (cableado) sino específicamente para cada uno de los motores.

El arranque de los motores se supone directo desde la red de alimentación 3 x 380 V que llega al tablero principal.

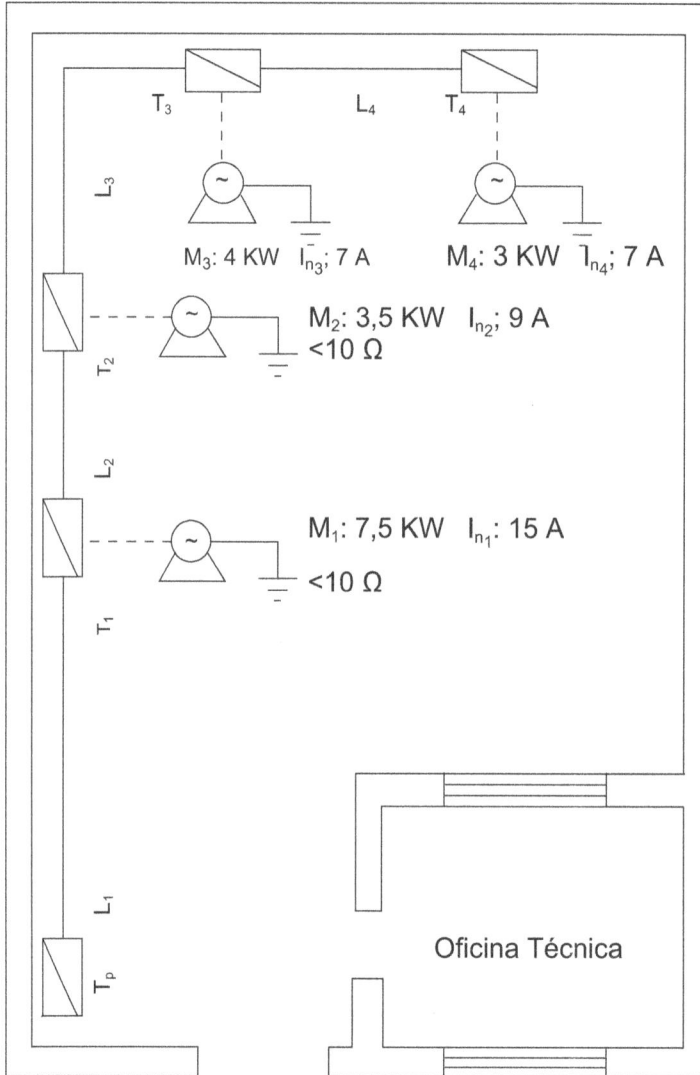

L_1: 15 m; L_2: 4 m; L_3: 3 m; L_4: 3 m
T_p: Tablero principal con ITM clase II (carga inductiva)
T_1; T_2; T_3; T_4: Tableros seccionales con guardamotor
Derivación a motores 3 x 4 mm²

Fig. IX-1. Instalación para fuerza motriz 3 x 380 V.
Línea 3 x 16 mm² + 10 mm²

Determinación de la sección por corriente de corto circuito

La verificación por exigencia térmica al cortocircuito viene dada por las normas IEC y de acuerdo a la relación

$I^2 t \leq K^2 S^2$

Sacando raíz cuadrada, obtenemos:

$I \sqrt{t} \leq K S$

Donde:
I = intensidad de cortocircuito.
t = tiempo de disparo magnético por corto circuito, estimado en 0,020 seg.
K = coeficiente que tiene en cuenta las características del conductor.
S = sección mínima del conductor en mm^2 que soporta el cortocircuito.

En instalaciones con suministro en baja tensión, la intensidad de cortocircuito debería ser informada por la distribuidora eléctrica (Edenor, Edesur, Edelap).

Para fuerza motriz ubicada en Cuidad o Provincia de Buenos Aires, y en la mayoría del país para instalaciones domiciliarias, la Icc = 3kA, y para fuerza motriz Icc = 6kA = 6.000A.

La sección $S > I \sqrt{t}/K$ (1).

La sección adoptada para la instalación que estamos comentando debe ser:
Sc > S

Para una sumatoria de In= 43 A necesitamos una sección de 16 mm^2.

La corriente máxima, siendo tres conductores activos en el caño y para temperatura hasta 40 ºC, según el Reglamento AEA, con un coeficiente de corrección por temperatura de 0,87, es decir:

16 mm^2 con capacidad para 50A x 0,87 = 43,5 A

La sección, según la ecuación (1):

$S > 6000$ A.$\sqrt{0,020}$ / 114 = 6.000 . 0,14/114 =7,36 mm^2 (comercialmente adoptamos 10 mm^2)

O sea: debe cumplirse que S < Sc, es decir que 10 mm^2 < 16 mm^2, con lo cual 16 mm^2 soporta la intensidad de un eventual cortocircuito en la línea de alimentación de los motores que estamos considerando, y por ende queda también satisfecha la capacidad del conductor por caída de tensión.

Las derivaciones desde los tableros seccionales hasta los motores, se realizarán con conductores de 4 mm², es decir 3 x 4 mm² más el conductor de protección PE, también de 4 mm².

El Reglamento AEA (edición de marzo de 2006) establece los siguientes valores para K:

Cobre aislado en PVC: 114.
Aluminio aislado en PVC: 74.
Cobre aislado en polietileno reticulado: 142.
Aluminio aislado en polietileno reticulado: 93.

La tecnología de fabricación de los interruptores termomagnéticos y guardamotores asegura que el valor de la intensidad de cortocircuito no sea alcanzado en condiciones de servicio de instalaciones de fuerza motriz y domiciliarias.

Para mayor seguridad hemos tomado como intensidad de cortocircuito 6kA = 6.000A.

La protección de las personas está a cargo de los disyuntores, por contactos accidentales directos o indirectos y/o fallas a tierra (con disparos de 300 ms como máximo). El interruptor diferencial debe actuar para intensidades ≤ 30 mA.

El conectar aparatos que toman más intensidad que la nominal del conductor se traduce en mayor temperatura, con deterioros en el aislamiento de conductores y contactos y/o empalmes en el circuito de potencia.

Características de los interruptores termomagnéticos (ITM)

Así como los guardamotores son dispositivos específicos para la protección de motores, y los contactores se utilizan para la maniobra de motores, los interruptores termomagnéticos o de protección magnetotérmica son de aplicación específica para la protección contra sobrecargas y cortocircuitos de los conductores que intervienen en la canalización de la corriente en los circuitos.

La fabricación de estos dispositivos o aparatos se realiza respetando lo que establecen las Normas IEC (Internacional Electrical Comisión), en especial la 898 y la 947-2.

Las citadas normas establecen las denominadas *curvas de disparo*, que se denominan con las letras B, C y D.

Curva B: es para los ITM destinados a uso residencial y doméstico con capacidad hasta 63A. El disparo magnético (frente a cortocircuito) se produce entre 3 y 5 In.

Curva C: es para los ITM destinados a alimentadores de receptores en instalaciones denominadas terciarias (oficinas, comercios, escuelas; equipos para aire acondicionado, lavaplatos especiales, heladeras con freezer, etc.). El disparo magnético se produce entre 5 y 10 In.

Curva D: es para los ITM destinados a alimentadores en una instalación para fuerza motriz como la de la Fig. IX-1, con fuerte carga inductiva. El disparo magnético se produce entre 10 y 14 In. Estos ITM se utilizan como protección de receptores con fuerte corriente de arranque, transformadores, motores, etc.

La Fig. IX-2 ilustra lo comentado anteriormente. Se muestran dos tipos de ITM, tripolar y tetrapolar; o sea, L_1, L_2, L_3 y L_1, L_2, L_3 y N.

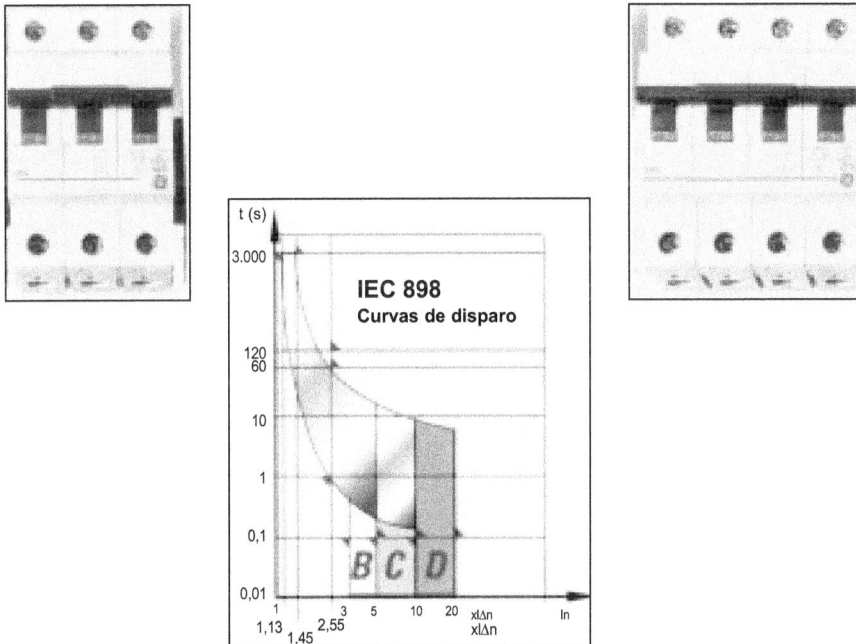

Fig. IX-2. Características de los ITM.

Fig. IX-3. Módulo para guardamotor.

Capítulo X

SEGURIDAD ELÉCTRICA

Es bien conocido que un alto porcentaje de incendios son ocasionados por causas eléctricas, desde el conocido cortocircuito doméstico hasta la caída de rayos.

Es característica de la electricidad, especialmente cuando surgen averías, su manifestación brusca, repentina y con una elevada concentración de energía.

Estas características, junto con otros factores, como el envejecimiento de los equipos, el mal empleo, el mantenimiento defectuoso o nulo, las condiciones ambientales adversas, hacen de la electricidad un componente de riesgo elevado en lo que respecta a su capacidad para provocar incendios.

En las obras en construcción, los operarios electricistas se encuentran usualmente con conductores empalmados sin el correspondiente aislamiento, extensiones eléctricas provisorias, etc.

La electricidad, pasando los 24 V, puede ser mortal, por la exposición a peligros tales como descarga eléctrica, electrocución, incendios y explosiones.

Para manejar la electricidad con seguridad, se debe saber cómo actúa, a fin de controlar su peligrosidad para las personas y las cosas.

Cuando se actúa la maneta de un interruptor termomagnético (ITM), para entrar en servicio la instalación, se está permitiendo que el fluido eléctrico circule desde la fuente de generación y a través de los circuitos conductores hasta la carga de utilización (motor eléctrico, iluminación, etc.).

Se necesita que un circuito no esté interrumpido para que la corriente pueda hacer su trabajo.

La ecuación V = Ix R es conocida como al Ley de Ohm, y esta ecuación demuestra la relación que existe entre los tres factores intervinientes, o sea tensión, intensidad y resistencia.

Tiene que existir una fuerza o presión antes que un caudal de agua pueda circula por una cañería.

De manera similar, la electricidad, compuesta por electrones, fluye con un determinado caudal (intensidad), porque se ha ejercido sobre ese caudal una presión denominada voltaje o fuerza electromotriz (fem).

La unidad para medir esta fem es el voltio (V).

El movimiento de los electrones a lo largo de un conductor o cable enfrenta alguna oposición a su avance. Esta oposición es lo que se conoce como resistencia, que es medida en ohmios (Ω). La cantidad de resistencia que ofrecen los diferentes materiales varía. Por ejemplo, la mayoría de los metales ofrecen poca resistencia al paso de la corriente eléctrica; mientras que otros materiales, tales como vidrio, mica, porcelana, caucho, plástico o madera, ofrecen una resistencia alta.

Golpe eléctrico (*shock*)

La corriente eléctrica viaja en circuito cerrado. Una persona sufre una descarga eléctrica cuando alguna parte de su cuerpo se convierte en parte del circuito eléctrico, incluyéndose en él.

La corriente entra al cuerpo por un lugar y sale por otro; por ejemplo, entra por una mano y sale por un pie.

La persona recibe una descarga eléctrica cuando toca:

– Ambos conductores (fase y neutro o fase-fase) de un circuito eléctrico.

– Un conductor con energía eléctrica (vivo) que puede ser la diferencia de potencial entre neutro o fase y la tierra.

– Una parte metálica energizada por estar en contacto con un cable con corriente y la persona encontrarse en contacto directo con la tierra (por ejemplo: contacto accidental con una mano).

La peligrosidad de la descarga depende de varios factores. Tres son los fundamentales:

– Cantidad de corriente que pasa a través del cuerpo de la persona (medida en miliamperios).

– El camino que la corriente toma a través del cuerpo del individuo.

– Tiempo que está el cuerpo de la persona formando parte del circuito eléctrico.

Causas de accidentes eléctricos

Las causas de accidentes eléctricos normalmente son una indeseada combinación de los siguientes factores:

- Equipo y/o instalación insegura.
- Inseguridad operativa del medio ambiente (contaminación).
- Falta de capacitación, y prácticas inseguras de trabajo.

Los efectos de una descarga eléctrica en el cuerpo de una persona o animal, cubren una gama que va desde un pequeño cosquilleo a un paro cardíaco inmediato por la fibrilación del músculo cardíaco.

Tensiones o voltajes bajos pueden ser tan mortales como tensiones o voltajes altos, mientras el cuerpo o alguna parte de él se integre al circuito bajo tensión eléctrica.

Recomendaciones para evitar accidentes eléctricos

- Controlar el estado de los aislamientos.
- Utilizar dispositivos para protección eléctrica.
- Emplear defensas para aislar lugares de trabajo.
- Establecer conexiones a tierra verificadas en tiempo y forma.
- Practicar los trabajos en condiciones de seguridad.

Aislamiento

El aislamiento o *aislación* previene que los conductores y equipos estén expuestos a inadecuadas condiciones de temperatura, niveles de humedad, emisiones contaminantes, etc.

En lo referente a los conductores, debe verificarse que no haya partes metálicas expuestas, desgaste de aislamiento termoplástico en conductores, o conductores rotos o expuestos.

El instrumental y herramientas del Instalador Electricista deben tener su aislamiento específico en buen estado, eliminando la suciedad, la impregnación de grasas y aceites, etc.

Aparatos o dispositivos para protección de circuitos

Los dispositivos como interruptores, seccionadores, guardamotores, contactores, relevos, fusibles, interruptores de puesta a tierra (diferenciales), son imprescindibles para la seguridad eléctrica (ante la posibilidad de que se produzcan cortocircuitos, sobrecargas, conexiones defectuosas, etc.).

Los interruptores diferenciales son dispositivos cuya finalidad es la protección de personas, animales y/o cosas, cortando al corriente eléctrica en lapsos que se calibran en milisegundos.

Con respecto a las **defensas (vallas y carteles indicadores)**, cualquier parte con tensión o "viva" de un equipo eléctrico operando a partir de los 50 V debe ser protegido para evitar el contacto accidental.

Las estadísticas informan que entre el 40 y 45% de los incendios son provocados por cortocircuitos.

Agua y descarga eléctrica

El agua presenta características interesantes y potencialmente peligrosas. En su estado puro (agua destilada), el agua es un mal conductor de la corriente eléctrica. Sin embargo, la presencia de pequeñas cantidades de impurezas, como la sal y la acidez de la sudoración humana, la vuelven conductora de la electricidad. Por lo tanto, si hay agua o humedad en un lugar de trabajo o el operario advierte sudoración en su piel, se deben extremar los cuidados ante la proximidad de masas eléctricas, pues un contacto involuntario puede resultar fatal.

Quemaduras y otras lesiones

La quemadura por causa eléctrica es una de las lesiones más serias que puede sufrir una persona o animal, y requiere atención médica inmediata.

La descarga eléctrica puede causar mucho más daño al cuerpo de lo que es visible. En efecto: por efecto de una descarga eléctrica una persona o animal puede sufrir desangrado interno y destrucción grave de tejidos, músculos, nervios y órganos.

Este es el resultado de la corriente que fluye a través del tejido muscular u óseo, generando intenso calor y produciendo heridas.

Complementariamente, la descarga eléctrica es con frecuencia el comienzo de una cadena de eventos, pues la consecuencia final del shock eléctrico puede ser una caída, cortaduras, quemaduras o huesos quebrados.

Arco y chisporroteo

El arco y chisporroteo acontece cuando corrientes elevadas saltan de un conductor a otro a través de la ionización del aire.

Esto puede ocurrir en el momento de conectar o desconectar una carga, o cuando se descarga un capacitor, dependiendo la intensidad del arco –en el caso de un capacitor– de la carga capacitiva que éste almacene.

Si el fenómeno ocurre en una atmósfera contaminada que contiene vapores inflamables, la consecuencia será probablemente una explosión, con la consiguiente onda expansiva, de efectos imprevisibles.

Explosiones

Como hemos comentado precedentemente, las explosiones ocurren cuando la electricidad proporciona la fuente de encendido a una mezcla explosiva en el medio ambiente.

El encendido o la chispa puede ser causado por conductores con aislamiento defectuoso o quebradizo por exceso de conducción eléctrica (el termoplástico se reseca y se hace quebradizo), máquinas o equipos con exceso de calor mal disipado por ausencia de ventilación, o los arcos por ionización del aire, que provocan la apertura de contactos de un interruptor o seccionador bajo carga.

Incendios

La electricidad es una causa común de incendios, por cortocircuitos y sobrecargas no detectadas.

La situación eléctrica más peligrosa, por su caudal de intensidad, es la que producen los rayos atmosféricos, por ausencia de canalización a tierra y correspondiente pararrayos.

Las conexiones flojas, que originan alta resistencia en triples conectados a "zapatillas", los conductores de sección inadecuada para la corriente que deben transportar, los tomas recalentados o defectuosos, son –entre otros– causales de incendio, por falta de mantenimiento e ignorante desidia.

El Reglamento AEA (edición marzo de 2006), es la fuente de consulta al respecto que debe estudiar y respetar el Instalador Electricista de Matrícula Profesional Categoría "C" (10 kW).

APÉNDICE

El Ente Nacional Regulador de la Electricidad (Enre) estableció por Resolución N° 207/95 la obligatoriedad de que las empresas prestatarias de la distribución eléctrica en la Ciudad Autónoma de Buenos Aires, en el ámbito geográfico del denominado Gran Buenos Aires (conurbano bonaerense) y en el área de toda la Provincia de Buenos Aires, otorguen suministro eléctrico para inmuebles nuevos sólo cuando acrediten poseer instalaciones eléctricas conforme lo normado por la Reglamentación para la Ejecución de Instalaciones Eléctricas en Inmuebles publicada por la Asociación Electrotécnica Argentina (en adelante, Reglamento AEA), con sede en la calle Posadas 1659 de la Ciudad Autónoma de Buenos Aires.

Esta institución, que tuvo su origen hacia el año 1913, acaba de reemplazar la última edición del Reglamento AEA, de agosto de 2002, y termina de publicar la edición de marzo de 2006, convenientemente ampliada.

El Enre autorizó a la Facultad Regional Buenos Aires de la Universidad Tecnológica Nacional para que desarrolle un programa de habilitación de electricistas, creándose el Instituto de Habilitación y Acreditación (IHA), con las funciones de habilitar el ejercicio profesional de Instaladores, para los siguientes niveles:

Categoría de instaladores	Nivel 1: Prof. univ.	Nivel 2: Técnicos	Nivel 3: Electricistas
A: más de 50 kW	sí	no	no
B: hasta 50 kW	sí	sí	no
C: hasta 10 kW	sí	sí	sí

Además tiene las siguientes atribuciones:

- Seleccionar, acreditar y supervisar Centros de Capacitación para el Nivel III.
- Auditar el cumplimiento de la Reglamentación AEA en las instalaciones.

Es oportuno informar que la habilitación para los niveles I y II se obtiene en forma automática con la matrícula expedida por el Copime (Consejo Profesional de Ingeniería Mecánica y Electricista).

En cuanto al Nivel 3, los interesados deberán asistir a un curso y aprobar un examen de competencia en las entidades acreditadas por el Enre para tal fin.

La finalidad de este libro es explicar el "cómo" y el "porqué" de temas eléctricos, respetando lo establecido por el Reglamento AEA en su edición de marzo de 2006, en temas que garanticen la seguridad para personas y bienes y la funcionalidad operativa de las instalaciones.

En la actualidad, el Reglamento AEA es el texto básico para la formación de especialistas en instalaciones eléctricas y sirve de base para las disposiciones reglamentarias emanadas de municipalidades de todo el país.

También la Ley de Higiene y Seguridad en el Trabajo N° 19.587 y su Decreto Reglamentario N° 351/79, dan respaldo legal a la Reglamentación AEA como el documento aplicable a las instalaciones eléctricas en ambientes laborales.

Por último y también muy importante, las resoluciones N° 92/98 y 799/99 de la ex Secretaría de Industria y Comercio de la Nación ha reglamentado la comercialización y fiscalización de productos eléctricos con sello de conformidad Iram como garantía para la utilización de productos seguros para las personas y los bienes.

La Norma Iram (Instituto Argentino de Racionalización de Materiales) reglamenta la fabricación de material eléctrico conforme a normas que garantizan la calidad y la seguridad eléctrica.

Los fabricantes e importadores deben documentar la venta del material eléctrico con el "Sello conformidad norma IRAM".

Los distribuidores y comerciantes deben poner a disposición de los instaladores la información documental sobre la certificación del producto eléctrico que venden, para el estricto cumplimiento de la Resolución N° 92/98 citada precedentemente.